U0048844

MARRY HANNAH

我的婚禮籌備日誌

WEDDING TODAY & EVERYDAY

FOREWORD

　　「在你的人生中，最重要的一年是哪一年？」2014 年，可以説是我人生中最重要的一年。

　　我和宇宙人交往了將近十年，一起從二十歲走到了三十歲，回過頭來才發現，每當我想起兩人的過往，腦海中浮現的畫面都是甜蜜而美好的，於是，我決定和他結婚，將這份戀愛奇蹟永久保存。2014 年，我們更經歷了求婚的感動、結婚的承諾等人生大事，這一年對我來説有著無與倫比的美麗回憶。

　　準備結婚的過程，我最在意的就是婚紗照拍攝。每次參加朋友的婚禮時，我總是會一邊欣賞婚紗照一邊陷入幻想：「哇！新娘身上穿的婚紗好漂亮。」、「天啊，這樣的拍法好逗趣！」即使還沒有結婚，我已經對婚紗照有了雙倍的想像，因此，為了拍出自己理想中的婚紗照，我更是卯足了全力準備。

　　但是，實際籌備後才發現這是一件多麼浩大的工程，從規劃婚紗照風格、試穿婚紗，再到尋找信任的團隊、完成拍攝，事前還須雕塑身形、保養肌膚，這些點滴努力都只為了能在拍攝婚紗照時呈現最完美的樣子 。

　　不過，即使被拍下不那麼美麗，甚至有點水腫、有點好笑的照片也無妨，因為這些畫面也會讓人想起拍攝過程發生的種種，像我事後再次翻看照片時，經常感動到稍稍鼻酸，或許，這些意料之外的片段才是婚紗照最美的部分呢 ❤

漢娜妞

CONTENTS

Chapter 01

SELF
WEDDING
PHOTOGRAPHY

MARRY HANNAH

YEAR：2014

MONTH：09 | **DAY：03**

國內自助婚紗

　　女孩一早醒來，期待著穿上婚紗的模樣，與男孩在臥室談著彼此的未來，並在陽台一起回憶過往。趁著黃昏時刻，延著海岸線開車兜風，選了一個重要的日子，穿上西裝與婚紗，為彼此留下永恆的紀念。

SELF WEDDING

「自助婚紗最迷人的地方，就是可以讓你美夢成真。」
每次看電影或是影集時，
我都會幻想自己是女主角，
想要走進故事情節之中，過著甜蜜又美好的生活。
當看到影星名人的華麗作風時，
我也會憧憬著，
希望未來有一天自己也能變成如此。

拍攝婚紗，
就是能讓自己成為女主角，
盡情享受眾人簇擁你，並為你貼心服務的最佳時機，
因此我決定將一直以來保存在腦海中的幻想畫面，
透過婚紗照實現，
這也是展開規劃自助婚紗的原因，
徹底滿足自己作為女孩的虛榮心，
甚至在幾年過後，
當拿起這些照片回味時，可以懷念這一份青澀的夢想。

我的婚禮籌備日誌

決定婚紗風格
STYLE

　　自助婚紗的首要工作，就是找出自己喜歡的風格！因為整體風格會影響到拍攝場景和婚紗行頭，可說是自助婚紗最重要的一環，也是最困難的一件事。

　　我平常有收集各種喜歡的圖片在手機裡的習慣，因此當要做一件事情時，我就會打開手機相簿尋找靈感，尤其在決定婚紗風格的重要時刻，那些美麗的圖片就能派上用場。建議大家平時上網或翻閱雜誌時，只要看到喜歡的照片，就立刻用手機拍下來，必要時候翻閱手機相簿，就能快速的了解自己的喜好。

　　如果還是無法決定自己想要的風格，另一個最快速的方法就是找出自己喜歡的攝影師作品或彩妝師作品，和他們直接進行討論，讓他們決定適合你的風格。

　　除了決定婚紗風格之外，我更為所有的婚紗拍攝設定了一個專屬於我的主題故事，那再平凡不過的故事，卻也是最讓人心之嚮往的簡單生活寫照，讓攝影師幫兩人拍下平凡的模樣，這就是理想中的永恆婚紗照！

Hannah 妞 's 婚紗主題故事

　　女孩一早醒來，期待著穿上婚紗的模樣，與男孩在臥室談著彼此的未來，並在陽台一起回憶過往。趁著黃昏時刻，延著海岸線開車兜風，選了一個重要的日子，穿上西裝與婚紗，為彼此留下永恆的紀念。

眼罩的搭配靈感來自電影第凡內早餐，讓起床的畫面更添可愛氛圍 ♥

點綴婚紗配件
COLLOCATION

　　每當我翻閱雜誌時，都很憧憬那些華麗又充滿氣勢的畫面，自從開始寫部落格之後，幾乎每天都會進行拍照，我才知道，要讓一張照片呈現不同的風格，除了服裝之外，道具、場景等缺一不可，更何況是要保存一生的婚紗作品，任何佈置細節當然都不容小覷！

　　除了人像拍攝，我更注重細節的處理，這些精細之處正好可以展現巧思，只有自助婚紗可以讓人如此為所欲為，讓觀看婚紗照的人細數其中的好品味，這也是傳統婚紗拍攝無法達到的境界。

小道具

　　一般婚紗照常見的皇冠或髮飾，可直接向彩妝師詢問，如果有特別的想法，則需要自己再額外準備。

　　為了營造電影場景般的夢幻空間，房間裡的大地毯、皮草毯，甚至是人形衣架，都是我和宇宙人一路從五分埔逛到 IKEA 採購而來，記得扛著人形衣架走在五分埔的那天，還碰上了下雨，那時候說有多狼狽就有多狼狽。我也必須抱怨，大地毯好看雖好看，重量卻不是普通的沉重！我們將它從民宿的一樓搬到三樓的房間時，累得差點就要岔氣了！如果大家也願意為完美畫面而努力，那麼請一定要做好當挑夫的打算！（笑）

婚鞋

在結婚時穿上一雙名牌高跟鞋，相信是不少女孩的夢想。不過，無論在品牌或種類上，台灣的選擇性都比較少，為了穿上心目中的 Charlotte Olympia，我找到代購幫忙購買，更為了降低網購風險，先到專櫃試穿，確認尺寸後才安心訂購。

這是我擁有的第一雙名牌高跟鞋，永遠也忘不了當拿到這雙鞋時的興奮感，它陪伴我走過了國內自助婚紗以及巴黎海外婚紗，直到現在都仍完美的保存在鞋櫃裡。

Chrome hearts

在紐約購入的戒指，
是我們的結婚對戒！

婚戒

很多新人會將婚戒拍進婚紗照裡，我們當然也不例外。不論是 Cartier 求婚戒，或是 Chrome Hearts 對戒，都充滿了在紐約旅行的回憶呢。

我的婚禮籌備日誌

17

花

眾多婚紗配件中，我最執著於花。很多人對花抱持著不切實際的印象，以前的我也是抱持著這種想法，甚至要求過宇宙人絕對不要送我花。但現在我覺得，花，正是浪漫的代表，也開始期待能在特殊節日裡收到花束，更喜歡駐足在花店門外欣賞那些美麗。

趁著婚紗拍攝，我將房間佈滿了各樣各樣的花朵，甚至以各色的玫瑰花束點綴其中，能度過如此夢幻的一天，真的超過癮！特別感謝為我打造花花世界的商家，儘管事前溝通只有依靠簡單的信件往來，抵達民宿房間時，眼前所見就已經是腦海中想像中的樣子了！雖然最後只保留幾個花瓶入鏡，但他們的用心讓人非常感動，因此結婚的時候，我也請他們幫忙打造捧花，重要的日子交給信賴的人，特別安心。

境芸花苑

新竹市建美路 15 號 1 樓
（03） 574-4986
FB 粉絲專頁 _ 境芸花苑

敞篷車

　　一直都很嚮往好萊塢電影裡主人翁開著敞篷車兜風的瀟灑模樣，而且一定是復古風格的紅色敞篷車。在進行外拍之前，原本透過朋友詢問到可租賃的車子，沒想到老闆剛好在拍攝當天出國！我遇到的事情是不是都很曲折離奇！（苦笑）但是無論如何，我都想完整實現那夢想中的場景，剛好在雅虎拍賣搜尋到三峽的古董車出租店，撥打電話後立刻會勘，最後終於找到理想中的敞篷車，完整了心中的美好情境。

挑選婚紗
SELECT

「昂貴的婚紗穿起來一定漂亮嗎？」、「便宜的婚紗穿起來一定剪裁不好嗎？」相信這是許多人都有的迷思，我認為，選擇適合自己的婚紗才是最正確的決定。

挑選適合自己的婚紗有三個重點：第一，不先預設婚紗的喜好立場，否則會侷限合作團隊的想法，也可能錯過更適合自己的風格。第二，婚紗要讓身材曲線看起來玲瓏有緻，該凸的凸，該凹的凹，即使是大澎裙，腰線的高度就是讓全身比例好的關鍵，必須留意。第三，要找到專屬自己的夢想婚紗沒有捷徑，只有不停的試穿再試穿，而且建議一定要多跑婚紗工作室，往往都會有意外的收穫，多看絕對不吃虧。

以我為例，我對自己的肩膀和鎖骨比較有自信，因此挑選婚紗時，就主觀性的以平口類型為主，聽取別人的建議後才發現，當我穿上有袖子設計的婚紗時，反而看起來更有一股獨有的氣質，也能更凸顯自己的特色。在進行陽台婚拍之前，一直找尋不到能完美詮釋陽台風格的婚紗，在拍攝前一天拿取衣服當下，才發現了這件白紗，二話不說立刻試穿。連老闆娘都說：「一定要拿這件去拍！穿起來真的很美！」獨特的陽台婚紗風格，這時才露出了曙光。

面對鏡頭難免生疏，想起曖昧時期兩個人羞怯的臉龐，彆扭卻很美好。

租借婚紗

「如何從眾多婚紗公司及工作室中選擇可信賴的商家？」這是很多人向我詢問的問題。除了參考朋友的經驗外，我也上網找了網友的評比推薦，最後在四間婚紗工作室裡，分別找到了四件婚紗，而租借婚紗的價位從千元到萬元不等。在還沒選定婚紗公司之前，可注重婚紗款式的多元類型，進入挑選跟試穿階段後，會以穿起來的適合度為選擇的重點，並不會考慮婚紗的新舊與否。

我曾經在淘寶買了一件婚紗，結果收到的實品慘不忍睹，就算請婚紗業者幫忙修改也於事無補，花了萬元的禮服就此報銷。這個慘痛經驗讓我學到兩件事：第一，挑選婚紗一定要經過試穿，才會知道哪一種款式最適合自己，這是網購絕對無法達成的服務。第二，就算提供尺寸給賣家，號稱是量身定制，也絕對不會百分之百合身，請一定要親自試穿婚紗，不要存有僥倖的心態，否則心目中完美的婚紗照說不定就會留下遺憾。

我的婚禮籌備日誌

22

Alisha&Lace

Diosa

訂製婚紗

　　如果租借婚紗還是找不到想要的風格，此時建議選擇訂製婚紗。訂做一件婚紗，價格大約在三～四萬之間，好處就是不會再有人和你穿上一樣的婚紗，而且還能充滿表現個人獨特性！

　　婚紗外拍時，我穿的蕾絲背心就是特別訂製服，因為它體積小，不會占衣櫥的空間，甚至到現在，我偶爾還會穿它出門約會，可說是完全顛覆了一般大家覺得訂製婚紗不切實際的看法。特別選擇訂製婚紗的主要原因就是找不到相似的替代品，又為了堅持嚮往中的風格婚紗，因此毅然決然選擇訂製。直到現在，我都還覺得自己的婚紗照獨一無二，我想有一半的原因正是訂製婚紗的緣故。

Which one is the best ?!

Mon Chaton　　　　　　　　**Cheri**

Hannah 妞 's 婚紗店家

▶ Mon Chaton 婚紗設計品牌 Design By Lin
www.monchatonbridal.com
台南市永福路二段 160 號 3 樓

▶ Cheri 法式手工婚紗
www.cheriwedding.com.tw
台北市大安區敦化南路一段 228 號 5F

▶ Diosa 蕾絲。紗 手工婚紗
diosa-bridal.com
台北市信義區忠孝東路四段 500 號 10 號 -1
　（02）2758-8707

▶ Alisha&Lace 愛儷莎和蕾絲法式手工婚紗
www.alisha.com.tw
台北市中山北路二段 20 巷 6 號
　（02）2511-5955

自備服裝

許多人都會把自己喜歡的東西和婚紗照結合,而我選擇的正是條紋上衣。一直以來都是條紋控的我,特別規劃了條紋上衣的拍攝場景,以便服的概念入鏡,剛好可以平衡整體婚紗照的慎重感。這樣的安排,除了能成為自己珍貴的回憶外,也成了世界上獨一無二的婚紗照。

Classic fashion style

男生西裝與皮鞋

不論到哪個國家拍攝婚紗照,都建議男生攜帶自己的西裝搭配穿搭,除了可以達到真正合身的效果之外,行動起來也比較不彆扭。因此,為了尋找宇宙人的西裝,我們跑遍了所有的百貨公司,最後在香港機場內的ZARA 免稅店購入五套西裝。這數量乍聽之下好像很驚人,其實價格加總不到台幣兩萬元,比起在台灣任何百貨公司購置西裝都來得划算,而且這五套西裝的風格和顏色都不同,讓我們直呼真是撿到了便宜呢!

至於皮鞋,除了 ZARA 之外,還有 TOD'S 和 PRADA。宇宙人說:「妳擁有了一雙名牌鞋,我也要有一雙,這樣才公平!(笑)」

穿上最愛的條紋上衣入鏡，即使不是白紗，也能看見兩人的幸福模樣。

我的婚禮籌備日誌

27

我的婚禮籌備日誌

28

喜歡看電影的我, 對分鏡的畫面特別著迷,所以婚紗照也使命必達了!
謝謝攝影師,讓我當了一天的女主角。

我的婚禮籌備日誌

29

規劃行程
PROCESSES

　　策劃婚紗照的拍攝行程，就像安排一趟輕旅行，早上欣賞風光明媚的景色，傍晚落腳某處得到一抹清幽……想要享受美好的旅程，就要設想得面面俱到，才不會因為未知數而慌亂了陣腳。為了讓拍攝團隊可以在輕鬆狀態下完成作品，原本我將宜蘭民宿和淡水莊園分成兩天拍攝，將白天場景拍攝完畢後，再進行攝影棚的拍攝，既不會發生搶光線的情形，行程也不會過於緊迫，時間非常綽綽有餘！

　　但是，特別提醒，凡事都要有備案，因為我就遇到了「計畫趕不上的變化」。拍攝前三天，氣象預報説颱風可能會來，而且還會下大雨，接收到這個消息真是晴天霹靂！（找場地已經崩潰了一次，當下又再度崩潰），立刻向淡水莊園和敞篷車店家確認改期。最後拍攝行程是，宜蘭民宿與淡水莊園排在同一天拍攝，遇到下雨則進行攝影棚的拍攝。

　　此外，我也忘記考慮塞車、拍攝延遲等行程變因，從宜蘭的第一場景移駕到淡水的第二場景時，路途竟然花了快三個小時，抵達淡水時已傍晚五點，因此只在淡水莊園拍攝一小時就天黑了。請大家不要重蹈覆轍，一定要注意掌控時間！

找尋場地
PLACE

地點是營造婚紗照風格的重要元素，一張完美的婚紗照，攝影師的取景固然重要，但場地才是真正的關鍵點。好場景除了能將人引導進情境外，也能讓攝影師發揮得更淋漓盡致，因此一點都馬虎不得。

一般拍攝場地分為棚拍與外拍，棚拍以搭景的攝影棚或是素面的背景紙為主，可直接向攝影師詢問場地，執行上確實會輕鬆許多。不過，如果要呈現更豐富的內容，就要強化婚紗造型完成各種風格的變化。外拍則通常結合風格選擇，像是浪漫風格可選擇海邊或是花園；呈現個性現代感可選擇歐式建築；營造文青的空靈氛圍，更可以進入森林一探究竟。外拍的選擇多元，也能讓婚紗照畫面顯得更豐富，不過要在外面東奔西跑，相對會疲憊許多。

我規劃了棚拍與外拍，而且分成兩天進行拍攝。五種婚紗風格中，有四種是外拍模式，一種則在攝影棚內拍攝，不論喜歡哪種場景，都建議大家一定要拍一組背景紙的婚紗照。慶幸我規劃的外拍場地只有兩個地方，而且地點都很舒適，只需要定點拍攝，仔細一想，好像就不累了！（笑）

米卡薩民宿

記得當時，我一股腦的想拍攝巴黎般的陽台婚紗畫面，因此花了整整兩個月的時間找尋場地，幾乎將全台灣的飯店跟民宿都搜遍，甚至還跑去場勘。不過，要在現實中找到符合條件的場地真是難上加難，和團隊討論場地時，攝影師也忍不住問：「妳真的那麼想拍陽台？」就在我打算放棄的時候，很幸運的發現這間位在宜蘭的民宿，簡約鄉村風格的臥室，加上黑色欄杆的法式小陽台，於是立刻拿起電話預訂房間。

為了搶拍灑進臥房的陽光，預計早上九點開拍，因此前一晚就入住民宿，打算拍到退房。結果人算不如天算，拍攝流程延後了一個多小時，還硬生生的被收了一晚住宿費，心在淌血啊！不過，幸好多付的費用沒有白花，最後一口氣就拍完三種風格。

第一次拍婚紗，如何擺動作，如何拿捏表情，都是一大難題。

我的婚禮籌備日誌

33

手擺放的位置與手指頭的延展相當重要。

穿上臨時挑選的婚紗，造型師隨機應變的為我盤了既復古又優雅的髮型。

淡水莊園

現在回憶起婚紗外拍的經驗，仍讓我倒抽了一口氣。原本將場地預設在陽明山上，就只差景點還沒有定案，為此來來回回場勘了兩到三次，從竹子湖到擎天崗都跑遍了（那陣子完全處於崩潰狀態），最後卻礙於租賃敞篷車的總總限制而作罷。

在朋友推薦之下，最後來到俗稱婚紗基地的淡水莊園，這裡以各國風情的人造建築為主。坦白說，婚紗基地原先是被我拋除在外的場景選項，但妥協的原因正是它鄰近海岸邊線，外加擁有美式鄉村風的草皮和街道，正好適合敞篷車的出入，看準了這個優勢，才決定將外拍拉到這裡拍攝，完成了兜風的幻想畫面。提醒大家，淡水莊園無法入園參觀，因為會影響到正在拍攝的新人們，而本想場勘的我們也因此白忙一場，只能杵在大門邊遠望。不過，網站上的照片和實景相似度頗高，可供參考。

我的婚禮籌備日誌

37

我的婚禮籌備日誌

40

意料之外的插曲，反而拍攝到夜晚的景色，讓婚紗照更添不同的氛圍。

我的婚禮籌備日誌

43

攝影棚

　　攝影棚拍攝，主要是可留下全白背景的傳統婚紗照，這是一種經典的展現。翻開各個年代的婚紗照片，可發現保存且流傳的照片幾乎都是素面背景，甚至還會以黑白色調呈現。

　　流行和想法一變再變，這一秒喜歡這種風格，下一秒可能又換了，因此除了拍攝夢想婚紗照之外，建議大家拋下附加裝飾，拉住另一伴的手，一起站在素色卷紙前，讓攝影師拍下你們最原始的純淨感。我更特別交代造型師，妝髮都要極簡，不需要任何配件，唯一的陪襯就是乾燥捧花，讓整體色彩跟畫面不過於繽紛。等到當了爺爺奶奶那天，拿出婚紗照回憶時，也能清楚看見兩人那年嬌羞純粹的臉龐。

回歸最乾淨真實的自己，讓畫面永遠停格在彼此的臉上。

除了正經版，還可以發想俏皮有趣的造型，像我就買了翹鬍子貼黏。
簡單的小變化，讓我們有如戲精上身，拍攝心情大大放鬆，過程也格外有趣。

Hannah 妞 's 女孩化妝間

　　這是一組沒有曝光過的照片，當時只是好玩，沒有特別籌劃，因此看到照片時一直覺得少了些東西。不過，後來偶然而翻到，才發現了它的浪漫美。化妝間是女孩最自在的空間，可以盡情耍性感，盡情扭擺姿勢，在沒有人會打擾的秘密花園，就是我們最自在做自己的時候。

自助婚紗預算
Budget

一生一次的婚紗拍攝通常都不便宜，但卻很值得，因為如此完成的作品才是可以收藏看一輩子的婚紗照，而不是藏在床底下積灰塵的恐怖回憶！自助婚紗從頭到腳所資花費都可由自己掌控，既然預算操之在手，那就好好規劃一番吧！

以我自己和朋友的經驗，自助婚紗會比傳統包套婚紗花費高，一般包套傳統婚紗花費大約五～十萬，而自助婚紗從攝影、彩妝師、禮服、場地等都要分開計費，因此要做好貴上一倍價格的心理準備，不過這些價格通常都是固定的，可變動的地方，就是降低租賃婚紗的套數。

現在時下流行的婚紗照，有些人甚至不穿婚紗，而以各種角色扮演或是自己準備的衣服入鏡。因此建議預算較低的新人們，可選擇租賃一件婚紗，再用各種配件搭配出不同的造型，像是利用頭紗搭妝容，或是以各種類型的紗網披肩，也可將平口婚紗變成斜肩或一字領設計，讓造型呈現不同的風情。這些小技巧都可以和造型師討論，如此一來，就能省下不少費用。

自助婚紗 Q&A

Q1. 攝影師的拍攝費用？

可拍攝 3 套造型，如果想要拍更多可額外和攝影師討論。一般價位為 3 ～ 6 萬不等，依選定的攝影師而有所不同。

Q2. 造型師的造型費用？

可打造 3 套造型，如果想要更多造型變化，須額外和造型師討論。一般價位為 3 ～ 6 萬不等，依選定的造型師而有所不同。

Q3. 可拿到幾張精修照片？

一般能拿到 50 ～ 60 張精修照片，而且當日拍攝的所有毛片也都會提供給你當作回憶。

Q4. 須自行輸出照片？

大部分的照片須要自行輸出，不過我合作的攝影師還有提供相簿、謝卡和無框畫。每間婚紗公司提供的產品皆有所差異，記得合作前都要先詳閱合約喔。

Q5. 須自行準備外拍車嗎？

我們租了一台九人座休旅車，男生的拍攝比例較少，因此是由宇宙人開車。當然如果朋友有車且願意借用，那就是更好的選擇了！

Hannah 妞 's 自助婚紗團隊

攝影團隊

GP Photolab 雞與花環照相館

攝影師 _ GP 雞皮

GP.fotofaq@gmail.com

FB 粉絲專頁 _GP Photolab 雞與花環照相館

造型團隊

Vanessa O Makeup Studio

造型師 _Vanessa O

www.vanessa-o.com

FB 粉絲專頁 _Vanessa O Makeup Studio

Chapter 02

PARIS
WEDDING
PHOTOGRAPHY

MARRY HANNAH

YEAR：2014

MONTH：09 | **DAY：08**

巴黎海外婚紗

巴黎就是最時尚的造型,不需要過多配件或過度妝髮陪襯,隨性的微捲髮,
簡單的盤髮,與另一半間的親密互動,就是巴黎最美的景色!

PARIS

我曾經嚮往過海外自助婚紗，
只是光聽這個名字就感受到高昂的花費，
除了負擔等同於國內自助婚紗的一切費用外，
還要再加上團隊的來回機票跟住宿費用，
更別說還要奔走在陌生的國家。

但是我又如此渴望將國外場景收進婚紗照之中，
因此解套方法就是與駐點海外的婚紗公司合作，
就像台灣的包套婚紗一樣，
包含婚紗，造型師，攝影師等，
只要人到就可以了。

說到海外婚紗與台灣包套婚紗最大的差別，
那當然是⋯⋯⋯⋯
「國外的景色，怎麼拍怎麼美！」
而我選擇的海外地點就是法國巴黎。

婚紗攝影流程
PROCESSES

準備結婚時，在巴黎婚紗公司上班的朋友曾問我：「妳想到巴黎拍婚紗照嗎？」我的確將巴黎列為首選的度蜜月地點，不過前往拍攝海外婚紗，真是想都沒想過的點子，當下只感覺巴黎是一個很遙遠的地方。沒想到經過聊天後，竟然就被慫恿成功，臨時訂了機票和飯店，飛往了巴黎！

巴黎一直是我所嚮往的國家，因為這裡是時尚的聚集地，匯集了所有令人憧憬的名牌精品，還有無論如何都要親自一探究竟的羅浮宮與巴黎鐵塔，再加上巴黎女人的優雅風情，巴黎男人的紳士風度，光是用幻想的，就已經讓我著迷不已了。

巴黎婚紗拍攝行程共有兩天，一天試妝並挑選婚紗，攝影師會到現場討論拍攝的風格以及景點，另一天則是拍攝天。我將拍攝景點交由婚紗公司規劃，因為他們較清楚路線走向，當然也可提出想拍攝的景點，只要位在市區內，一天之內應該都跑得完，除非是特別的景點，可能須分成兩天行程，所有需求都可和婚紗公司先行討論。

像我特別跟攝影師要求咖啡廳場景，因為是自己的提議，拍出來的成果也最為喜歡。提醒大家可將整理好的資料和照片，e-mail 一份給婚紗公司，讓彼此都能預先知道流程規劃喔！

巴黎人一天的開始，就是先在咖啡廳悠閒的吃完早餐後再出發！

巴黎婚攝公司

• 費用

依選定的攝影師而有所不同價位，一般費用為台幣八～十萬不等，實際價格以當時的歐元計價（以上價格只含婚紗拍攝，不包括機加酒以及旅費）。

• 內容

拍攝時間為六小時，婚紗二套、造型二套，男士西裝建議自備，會比較合身。七人座拍攝保母車、精修照片電子檔 50 張、原片電子檔 800 張、電子相冊（mov / mp4 格式）。

Felizsinal

法國時尚婚紗攝影

攝影師 ：BOBO
www.felizphoto.fr/zh
felizsinal@hotmail.com

由於 Felizsinal 位在巴黎，聯絡方式以信件為主，信件往來會因為七小時時差而較為緩慢。建議大家盡量一次將問題問清楚，並附上圖片說明，才不會因為距離而消耗了彼此的時間喔！

婚紗的風格
STYLE

如果問：「巴黎人的婚紗照風格是什麼？」，倒不如問：「巴黎人的『婚禮風格』是什麼？」比較恰當。因為巴黎當地人並不流行拍婚紗，通常都是結婚當天一併進行拍攝，已駐點巴黎十年的 Felizsinal 也告訴我，他的客人幾乎都是在巴黎的華人。至於何謂巴黎婚紗的風格，其實沒有明確的答案，我想，遊走在巴黎街頭，讓攝影師記錄下這一幕美景、這一個瞬間，就是巴黎婚紗的風格了。

既然選擇了特定的婚紗公司，也就代表你喜歡他們家的攝影作品，建議可打開婚紗公司的作品集，找出喜歡的照片，並存放在手機裡，直接和攝影師討論，讓攝影師清楚的了解你的喜好。像我一直以來都很憧憬巴黎的隨性自然，因此特別向攝影師表示，想要像住在巴黎一樣，除了美景陪襯外，再多一份自在的生活感。

Felizsinal 的街拍風格，是讓我決定前往巴黎的重點原因，有別於一般婚紗照的定點拍法，街拍風格更能融入巴黎。攝影師不僅拍攝婚紗照，也經常受邀拍攝巴黎時尚週，那些美麗畫面的捕捉方式，更是完全擄獲了我的心。

準備服裝

包套婚紗公司本身就有婚紗可供挑選，但 Felizsinal 沒有與台灣合作過的案例，為了保守起見，我從台灣帶了兩件婚紗、兩件小洋裝過去。結果一到工作室，就讓我發現了一件非穿不可的白紗，大露背的設計，加上下襬半透明的蕾絲，不僅非常性感，更帶有一分優雅，連晚些抵達工作室的攝影師也提議我穿這件攝影，看來彼此的想法很契合呢！（開心）

不論在台灣還是在巴黎，都建議男生帶自己的西裝搭配，這一趟，宇宙人帶了三套西裝，品項就是拍攝台灣自助婚紗時就買好的 ZARA 西裝，而我們的鞋子也是自助婚紗時所穿，並沒有特別花時間準備行頭。

妝髮造型

巴黎就是最時尚的造型，不需要過多配件或過度妝髮陪襯，隨性的微捲髮，簡單的盤髮，與另一半間的親密互動，就是巴黎最美的景色！不過，如果有特別想要完成的造型，也可和彩妝師討論，建議提供照片參考，才不致造成任何失誤喔。

既然來到了巴黎，就徹底實現法式復古風吧！一坐上化妝椅，我就跟造型師說：「我想要復古風格的髮型。」造型師向我說明她的想法後，就為我打造了包頭造型，也讓我出發拍攝的心情更加愉快。公主頭髮型則是我個人的偏好，不論是在台灣或在巴黎，我都特別向造型師要求。除了讓造型師自由發揮以外，建議大家都能有一個讓自己呈現最自然樣貌的髮型。

巴黎婚紗照

PARIS WEDDING PHOTO

　　九月的巴黎早晨有些寒意，懷抱著緊張又興奮的心情，身體早已因為心中的熱情而溫暖起來，我只在乎畫面美不美，完全不管冷不冷！而且我真的全素顏的迎接攝影團隊的到來，攝影師看了我說：「其實可以上個底妝，拍起來會比較亮。」不過也因為如此，讓我有了理由可以一路戴著墨鏡行動。

　　我們從飯店出發，一路搭地鐵前往婚紗店，其實也可以選擇搭車，全是為了拍攝這個路程，才特地走路行動。至於全程穿著高跟鞋遊走在階梯與地鐵之間的感受，嗯……一早就開始測試我的腳力了！

Basilique du Sacré-Cœur

穿上腰間黑色綁帶的白紗
以復古路線征服聖心堂，留下永恆不敗的畫面。

原本聖心堂並不在這趟旅行計畫中，當攝影師將它規劃進行程內，讓我特別興奮，立刻坐上專屬保母車前往！

一路綿延到山腰處，平日時段的聖心堂早已被觀光人潮擠爆，卻完全沒有澆熄彼此的興致。

因為攝影師的專業帶路，只要跟著他走，似乎什麼難題都可以抵擋，攝影師給的安心感完全消弭了那份人在異鄉的不安感。

來到聖心堂，一定要穿上最為傳統的白紗，因為這裡彷彿有一股神聖的力量，讓經過的人都能在無形中受到祝福。教堂的威嚴如此教人震攝，每每回想起這段回憶，還是會忍不住紅了眼眶。

這裡還隱藏著蒙馬特畫家村，是畫家的聚集地，眾多畫家聚集在這裡作畫，感受不到汲汲營營的商業氣息，反而看見他們對繪畫的熱情。

最讓宇宙人燃燒熱情的是巴黎滿街的 mini cooper，mini 控的他，幾乎要塞爆相機的容量。我想，這就是每個人在巴黎燃燒熱情的不同方式，而我的熱情則揮灑在咖啡廳裡，點杯咖啡，發呆看著街上來往的行人，這正是我對巴黎的嚮往。

我的婚禮籌備日誌

67

我的婚禮籌備日誌

68

我的婚禮籌備日誌

69

攝影師要我們無止盡的親吻彼此，不管兩側行人的目光，時間好像凍結了！

Passerelle des Arts

想像我們是巴黎人，
盛裝的打扮，不為別人，就為自己。

這趟巴黎行,我們來了愛情橋兩次,一次是拍攝婚紗照,一次則是我和宇宙人的塞納河畔約會。來到巴黎,不論走到哪裡都像是一幅畫,記得那天約會,吃完午餐一路漫步到河畔,買了愛情鎖,並寫下彼此的名字,使勁的丟往塞納河,相信愛情神話能在此刻將兩人的幸福永遠鎖住。

那天的太陽很大,但是我怎麼也不想離開,甚至試圖躺在木椅上遠望碧藍的天空,但宇宙人耐不住熱,一直拉著我的手要往前走,幸好我照片拍夠了,景色也看透了,非常心滿意足!

Arc de triomphe de l'Étoile

喜歡巴黎的房子都有著可以種花的小陽台，
因此拍攝地點也選在充滿巴黎氣息的飯店。

我的婚禮籌備日誌

73

　　這裡除了有陽台之外，更棒的是還能遠眺凱旋門，連攝影師都說：「那就借你們的房間拍一下凱旋門吧！」在飯店進行拍攝，大家還能吹著冷氣，這是最幸福的片刻了。

　　如果想將整座羅浮宮印入眼簾，香榭大道絕對是最佳的觀賞站點，可一邊逛街，一邊欣賞凱旋門的壯麗，這是來到巴黎必朝聖的行程之一。雖然巴黎人總給人高傲的感覺，不過有些路人很可愛，除了對著穿婚紗的我瘋狂拍照之外，甚至會過來摸我的白紗，後來法國朋友才告訴我，巴黎人相信，看到或摸到新人的婚紗將會帶來好運。果然即使是巴黎人，也敵擋不了婚紗神聖的魅力！

La Tour Eiffel

巧妙的運用背景和光線，
拍出了不一樣的巴黎鐵塔 。

下一站，我們來到了亞歷山大三世橋，從這裡可遠眺整座巴黎鐵塔，這是我第一次看到巴黎鐵塔，感動到忍不住尖叫了！在亞歷山大三世橋進行的拍攝，從白天跨越到夜晚，直到看到婚紗照，才了解攝影師在這個時刻帶我們來這裡的用意。

抵達巴黎鐵塔，我最想做的就是野餐。因此拍完婚紗照之後，我們還特地選了一天傍晚跑來這裡野餐，悠哉的坐在草地上，一邊看著巴黎鐵塔的燈光閃爍，一邊啃著法國麵包和醃製橄欖，聊著不著邊際的話，這樣日常卻微甜的相處，對我小夫妻來說，就是最簡單的幸福了。

Musée du Louvre

為了展現夜晚的氣勢，
挑選了紅色婚紗襯托羅浮宮的景色。

　　深夜的巴黎，冷得刺骨！路上的行人都是裹著大衣外套，而我卻要穿著婚紗，美美的出現在鏡頭裡，坦白說，那時候其實都快要招架不住了。

　　不過，看到夜晚的婚紗照成品後，還是忍不住讚嘆，果然美麗的照片背後，都需要經過一番努力。

　　我特別鍾情於白色與紅色的婚紗，因此不論是婚紗照，還是婚禮上穿的婚紗，就只有出現這兩個顏色。相信穿上自己最喜歡的婚紗，多年以後翻看照片，才能一一細數當年的品味。

我的婚禮籌備日誌

77

Café

經過一整天奔波，卻錯過了咖啡廳場景，
為了不帶著遺憾離開巴黎，
攝影師主動提出隔天一早拍攝的提議，
儘管攝影師隔天中午就要趕到威尼斯工作，
仍特地早起來為我拍攝，真是超感動！
二話不說就答應了！

早上七點，從飯店出發，
一早的香榭大道空無一人，
沿路原本有許多咖啡廳，
卻因為時間太早都還沒開，
因此吃了閉門羹，
不過，我們也將錯就錯的街拍了起來。

踩踏在昨晚下過雨的地上，巴黎的空氣顯得更為透淨。

我的婚禮籌備日誌

81

最後被我們鎖定的咖啡廳，是沿路發現的，找了位置坐下來，點了一份麵包和咖啡，一邊品嚐一邊看著報紙，偶爾依偎在彼此身上。透過攝影師的鏡頭真實記錄下來，特別感受到這些畫面的珍貴。這一天，沒有經過計畫，也沒有任何排演，意外總是能創造最美好的事物，咖啡廳成了我巴黎婚紗照最愛的系列，怎麼看都看不膩呢。

巴黎小蜜旅日記

談到巴黎，我會想起電影「愛在日落巴黎時」，男女主角在維也納邂逅後，再度在巴黎相遇的愛情故事。還沒到巴黎前，只能透過電影帶領我看見巴黎的景色，沒想到因為這趟婚紗拍攝行程，踏上了巴黎的淨土。

多虧了電影，讓我對巴黎存有幻想，因此規劃了許多這趟旅行中一定要前往朝聖的景點，除了兩天的婚紗拍攝行程以外，這正是屬於我們的蜜月旅行。第一次只有我和宇宙人的遙遠國度旅行，坦白說，有點緊張，也有點害怕，因為我們都不會說法文。不過，巴黎婚紗公司 Felizsinal 的團隊是中國人，訂飯店或接機也都可以請他們幫忙，只要帶著護照，準備好行李，就可以安心搭上飛機了。

坐了十三個小時的飛機抵達巴黎，扣掉前後搭飛機的時間，我們在巴黎待了八天，如果不是趕著回台籌備婚禮事宜，我鐵定要待上兩個禮拜才願意回來，因為電影裡的塞納河畔、巴黎聖母院、巷弄間的小書店、咖啡廳，以及巴黎街頭的磚頭路，現在就在眼前，好不真實啊！

讓我印象最深刻的是，我們在巴黎做的第一件事：找一間咖啡廳吃早餐。抵達時，才早上七點鐘，雖說巴黎到處都是咖啡廳，但是要找到這麼早開的商店還真沒有幾間！另外，我喝到了花神咖啡館的咖啡，吃到了正宗的法國麵包，也爬上了巴黎鐵塔遠挑市景，更住在擁有法式陽台的飯店，這一切不再是遙遠的夢想，而是寶貴的回憶了。這趟旅行讓一次完成了拍攝婚紗照與蜜月行兩個願望，如果問我值不值得，當然超值！

回國後，每當再度聊起巴黎，夫妻倆就會想，什麼時候再回去一趟，回到慢半拍的生活步調，回到喝著咖啡的放空日子，回到可以不顧世俗眼光當街擁吻的浪漫國度，再一次尋找巴黎的浪漫 ♥

My life in Paris

巴黎街上到處都看得到復古小車,超可愛!

終於住到了夢想中的小陽台飯店:)

來到巴黎鐵塔野餐,順便欣賞夜晚的巴黎。

旅遊書上推薦的油封鴨,真的很好吃 ♥

這次沒能參觀到羅浮宮,下次一定要進去一探蒙娜麗莎的微笑!

巴黎的每個轉角,幾乎都看得到咖啡廳,我總是忍不住瘋狂拍照。

來到法國，當然要吃看看當地的法國麵包囉。

掛上了屬於兩人的愛情鎖！（羞）

跟著巴黎人在草地上看書。

來到巴黎，當然不能錯過馬卡龍！

凱旋門非常壯觀，只有遠遠的看，才能看見全貌。

Bonjour ～ 我們爬上巴黎鐵塔了！

Chapter 03

SEOUL WEDDING PHOTOGRAPHY

MARRY HANNAH

YEAR：2015

MONTH：08 DAY：15

首爾海外婚紗

　　即使只是試穿，韓國婚紗也會將整體造型打造得相當完整，設計師為你編好頭髮、搭配手持捧花，等待拉開簾子，加上打光的那一瞬間，不論是自己還是另一伴，都情不自禁的讚嘆出聲，我想，這就是韓國婚紗的魅力所在！

SEOUL

　　韓風當道，時下許多女孩一定和我一樣，渴望與韓國女明星御用團隊合作，享受明星等級的待遇，幻想變身成美麗無敵的她們。原本遙不可及的夢想，現在卻唾手可得！因為前往韓國拍攝婚紗照已然是一種新趨勢，這種吸引力實在太致命了！

　　礙於結婚宴客習俗，很多台灣女孩嚮往婚紗照拍攝以彌補長輩壓力下的不完美婚禮，也或許就是因為這種心態，台灣女孩才會這麼著迷於拍攝婚紗照，有時候甚至拍一次還不過癮呢！（笑）

　　結完婚不到一年，就提出想再拍婚紗照的要求，鐵定會被老公翻白眼，因此我只將這個願望偷偷放在心裡。後來因為製作這本書，讓我有機會搶先體驗韓國婚紗，完成了夢想，而老公的白眼也翻了好幾圈。

　　沒想到回國後，拿到婚紗照的瞬間，竟然有人比我還興奮，不停地稱讚：「韓國的團隊真厲害！」那個他，正是出發前大翻白眼的老公。也罷，不跟他計較！他願意陪我拍第三次婚紗照，已經讓我豎起大拇指了。

婚紗攝影流程
PROCESSES

韓國友人說，每當她拜訪韓國朋友的家時，大門一打開，就能看見大大的全家福照掛在牆上，而且是每一個家庭都有。在追求更完美精緻的整體拍攝服務之下，韓國婚紗攝影產業從此蓬勃發展。

為一窺韓國婚紗的秘密，我找到在台灣設立直營分社的韓國婚攝公司，不但在台灣可以面對面聯絡，在韓國也有翻譯全程陪行，而最讓人放心的是，身邊許多朋友都曾經和他們合作拍攝，大家都讚不絕口。

相約在台北分社時，翻閱著作品集，並討論各種相關資訊，那止不住的雀躍心情好像又回到待嫁娘的時候。

韓國婚紗是包套行程，除了機加酒自付外，其他所有都包含在行程裡，幾乎和台灣的包套婚紗差不多，但不同的是，韓國婚攝公司提供了韓星御用婚紗店和美容室的多種選擇，這是非常棒的相對優勢，如果你也嚮往這一切，那韓國婚紗的包套行程絕對適合你！

這趟韓國行，我徹底當了一個沒煩惱的偽新娘子，
行李裡唯一有的，就是宇宙人的西裝和皮鞋。

Hannah 妞 's
首爾婚拍 6 天 5 夜行程

Day1. 抵達韓國 / 星沙洞逛街

Day2. 試穿婚紗

Day3. 拍攝婚紗照

Day4. 拍攝婚紗照

Day5. 明洞逛街

Day6. 回台灣 / 挑選照片

基本首爾婚拍
3 天 2 夜行程推薦

Day1.抵達韓國 / 試穿婚紗

Day2.拍攝婚紗照

Day3.回台灣 / 挑選照片

1. 費用
   依選定的攝影棚不同而有不同價位,通常一個攝影棚的包套費用約台幣 10 ~ 12 萬,實際價格以當時的韓幣計價。

2. 攝影
   贈送所有拍攝的照片電子檔案 (基本 300 張以上)、選取 30 頁入冊照片進行修圖,並提供電子檔案、韓國製頂級相冊一本 (30 頁)、韓國製頂級大相框一個、韓國空運相冊和相框的費用、專業翻譯人員和禮服助理全程服務。

3. 韓星御用頂級婚紗店
   新娘白色婚紗 2 套、晚禮服 1 套 (晚禮服可更換為迷你白色婚紗)、新郎禮服 1 套、多款首飾飾物搭配、新娘高跟鞋、新郎皮鞋,也可自備便服拍攝。

4. 韓星御用頂級美容室

5. 拍攝期間的交通安排

**Studio
Wonkyu+Taiwan
韓國婚紗攝影**

台北大安區敦化南路二段 81 巷 19 號 1 樓
0978-756-208
FB 粉絲專頁 _ Studio Wonkyu+ Taiwan 韓國婚紗攝影

婚紗的風格
STYLE

韓星御用手工婚紗店
ROSA SPOSA

　　韓國婚紗完全比照韓星的高規格待遇進行，除了透過專業婚紗公司挑選婚紗之外，還有專門美容室為你設計整體造型。最讓我嘖嘖稱奇的是，韓國婚攝公司重金打造每一間攝影工作室，從倫敦火車站、巴黎街頭咖啡廳，到美式餐廳等應有盡有，連韓劇裡經常出現的浪漫櫻花樹也都是場景之一，韓國婚紗讓人待在室內就享受親臨各國的景色，實在誠意十足！

　　台灣婚紗和巴黎婚紗都是以自我個性而規劃的復古個性風，特別跑來韓國拍婚紗，最主要就是想試試看：「穿上甜美風格婚紗，會呈現什麼樣

的自己？」拋下成見，徹底交由專業打造，因此才真正了解韓國婚紗的完整樣貌。

　　ROSA SPOSA 的婚紗風格以華麗甜美風為主，又不失優雅氣息，既成就一部分的自己，同時又能挑戰另一面的自己，這也是我選擇這間婚紗店的原因。剛抵達婚紗店門口，就讓我不停尖叫，因為 ROSA SPOSA 的整體空間設計太美了！一度以為是攝影棚呢！一整層的大空間，除了女生的婚紗之外，也有同樣大小空間的男生西裝，光用看的就非常過癮。

挑選婚紗

排好試衣間後,服務人員會先打開婚紗樣本,讓你挑選喜歡的款式類型,再由她們找出同款或是類似款。當時,設計師問我:「妳喜歡哪種類型的婚紗?」我立刻回答:「想試穿肩膀上有各種設計的婚紗。」因為台灣和巴黎的婚紗幾乎都以平口、長袖婚紗為主,於是想挑戰沒有穿過的一字領系列。

討論完沒多久,設計師拿出意料之外的平口婚紗讓我試穿,不過,穿上整件婚紗後,她們立刻拿出許多配件打造各種肩膀造型的風格。設計師說:「妳所挑選的一字領婚紗,正是我們用這些配件所打造出來的。」此時,我才恍然大悟,韓國婚紗除了注重小細節之外,造型變化也發揮得淋漓盡致!ROSA SPOSA 的婚紗風格一件一件都讓人驚艷,建議挑選喜歡的裙擺樣子,上半身變化就交給服務人員即可。

Finding the Perfect Wedding Dress!

試穿婚紗

Crown

Lamp

Flower

Wedding Veil

　　即使只是試穿，韓國婚紗也會將整體造型打造得相當完整，設計師為你編好頭髮、搭配手持捧花，等待拉開簾子，加上打光的那一瞬間，不論是自己還是另一伴，都情不自禁的讚嘆出聲，我想，這就是韓國婚紗的魅力所在！

　　特別的一點是，在台灣試穿婚紗，即使看見喜歡的款式，很多時候都無法租賃，主要原因是尺寸太大無法進行修改，害怕破壞了禮服的樣貌。在韓國，會派遣「姨母（禮服助理，韓國都如此稱呼她們）」跟拍一整天，婚紗不經由修改，而是直接用別針為你拿捏合身尺寸，因此不會出現不合身的狀況。當然如果不巧遇到禮服太小件的情形，就只能選擇直接放棄了！

男生的西裝

ROSA SPOSA 的男生西裝總類完全不輸女生的婚紗款式，以往在韓劇裡看到的帥氣西裝，這裡都備全。不過，包套行程只提供黑灰色系的西裝選擇，因為較好搭配女生的各種婚紗變化，如果想要挑選其他款式，則可以加價選購。

我和宇宙人挑選了好久才做出決定，因為每一套西裝都讓人想穿著入鏡！（雀躍）因為拍攝行程為兩天，可以挑選兩套西裝，最後決定選擇一套咖啡色西裝、一套灰色格紋西裝。另外，男生的鞋子和襪子需要自行準備，像宇宙人忘記帶襪子，導致許多坐著的畫面會一直露出腳背，嚴格來說較為不禮貌，如果很在意這些小地方，請特別留意。

韓星御用美容室
Jenny House

　　韓風延燒，舉凡在韓劇裡出現過的咖啡廳必定造成討論，而最新、最潮的明星造型，當然也是大家爭相模仿的對象，韓國明星那不經意的蓬鬆隨性髮型，端莊又甜美的穿搭，以及簡單卻不失好氣色的妝容，正是讓女孩為之瘋狂的所在。

　　一大早，美容室裡就擠滿了人，有些是等待出外景的明星，有些是像我一樣準備拍婚紗照的新人，有些則是要參加重要場合的素人，翻譯告訴我，往往天還沒亮，很多明星就來這裡報到了。選擇 Jenny House，主要原因是喜歡這裡所打造的韓星簡單乾淨妝容，像是朴信惠、宋智孝、金喜善等，希望自己也能變成她們！

美容室的專業分工讓我大開眼界，從洗頭、髮根打底、化妝，再將頭髮上捲造型，接著讓化妝師補妝，最後換上禮服大功告成，來來回回大約花費三小時，如果沒睡飽，可以趁這時候補眠一下喔。

記得出發前，台灣分社的貼心小秘書一直提醒我兩大重點，我當然也要傳承下去！（笑）第一，是千萬不要種睫毛，不論是在台灣或是海外，

化妝師都不喜歡服務有種睫毛的客人，因為在化妝時，睫毛可能會掉或是成為障礙，甚至在造型上會有所限制。第二，拍攝前一天一定要洗頭髮，減少頭皮出油，但切勿使用潤髮乳，可讓造型較不易扁塌。韓國美容室對細節十分講究，前一天晚上，我已經乖乖比照辦理了，但在他們檢查頭皮狀況後，還是決定再幫我清潔一次，細心程度真的值得稱許！

我的婚禮籌備日誌

99

妝容

　　化妝前，化妝師會先詢問有無喜歡的妝容，就在我吞吞吐吐的時候，化妝師手指著牆上的韓星妝容照片問：「這裡有想要的妝感嗎？」我選了一個淡妝與濃妝之間的綜合體，再跟化妝師説：「我想要有韓國女孩的感覺。」化妝時，化妝師會仔細且耐心詢問所有妝容重點，例如眉毛的粗細，讓人非常安心！

　　我韓國化妝師畫的妝容非常乾淨俐落，貼黏的假睫不浮誇，卻能讓眼睛有神明亮，我想，這也是所有女孩最在意的妝容重點。妝容跟髮型一樣，可以提前做功課，找些喜歡的妝容照存放在手機裡，再與化妝師討論，來到這裡，完全不用擔心，因為韓國化妝師絕對比你更用心！

髮型

一坐上位置，造型師就拿出了新娘的髮型書讓我參考，她看我沒什麼頭緒，就自己提議：「讓我直接幫妳造型？」雖然心中難免忐忑，不過我很爽快答應了，就讓韓妞幫我打造成韓妞吧！

如果已有自己想要的髮型，建議將照片存在手機裡，現場再直接拿給造型師看，可避免產生溝通不良的狀況。另外，如果想加髮片或是剪髮，則需要額外付費。

兩天的拍攝造型，一天以直髮入鏡，一天則以捲髮入鏡，兩種風格截然不同，最厲害的是，頭髮幾乎都不會塌，這也是頭髮的前置作業做得很徹底的緣故。

剪髮

韓國美容室不只有妝髮打理的整套服務，也可以在這裡完成單純的剪髮或是染髮。聽聞韓國美容室修剪頭髮的功力許久，但因為化妝時間是早上七點，如果再加上剪髮，就需要再提早兩個小時起床，一聽到立刻作罷！（笑）

不過，宇宙人倒是剪了頭髮，設計師還幫他抓了帥氣的髮型，瞧他不停對著鏡子照啊照，想必是非常滿意！當然剪髮費用是額外計算，不包含在包套行程裡喔。

韓國訂製手工婚鞋
IRO STYLE

　　這一趟韓國行，讓我特別興奮的一件事情就是「找尋婚鞋」。那雙陪我歷經台灣、巴黎婚紗的黑色高根鞋，確實不太適合以甜美風格取向的韓風婚紗照，因此和 Wonkyu 台灣分社討論拍攝事宜時，得知韓國有訂製婚鞋的網站，特別感興趣，在他們的引薦之下，我訂製了一雙高跟鞋。

　　挑完婚紗後，特別繞到鞋店取鞋。韓國訂製婚鞋的最大特色就是，一雙婚鞋可藉由不同小配件做出不同造型，像我訂製的紅色高跟鞋，後面的蝴蝶結為可拆式，甚至可以再加購其他配件，一鞋多穿的想法真是太棒了！而且現在 Wonkyu 台灣分社把 IRO STYLE 引進了台灣，不用跑一趟韓國，就能拿到鞋子呢！

　　即使回國，仍想要再次造訪韓國的另一個原因，就是嚮往他們各種創意設計，不論任何類型的商店，從外觀打造，再到內部裝潢，光看仍不過癮，必須仔細探索每一個角落細節，像是 IRO STYLE 的美，就讓我為它停留了好幾個小時。

足足 15 公分的雪白高跟
鞋，由緞面與蕾絲拼接而
成，再搭配繫帶，就是心
目中的理想婚鞋。

另外訂製的紅色高跟鞋無
法在短短的旅程中提交，
因此店家特別幫我郵寄回
台灣呢。

我的婚禮籌備日誌

103

一看到店裡琳琅滿目的鞋子款式，忍不住試穿了起來，一試就止不住購物慾望！

我的婚禮籌備日誌

105

韓國婚紗照
Wonkyu Maiden

　　不得不說這趟旅行我太放鬆了，甚至在拍攝前一晚還跟著宇宙人大吃大喝，完全將拍照的事拋在腦後，結果起床照鏡子時，我跑出浴室大喊：「怎麼辦！我臉好腫！」瘋狂喝了三杯美式咖啡，直到下午才消腫，從早上在美容室直到 Maiden 的棚拍，我都呈現豬頭樣，事後姐妹們看到照片都說：「這是誰啊⋯⋯」

　　雖然照片可以修圖，但是拋腫的眼神修不掉，因此這系列的照片，幾乎都選了側臉構圖，瞬間有點對不起整體團隊。

　　撇開臉腫的問題，Maiden 的場景讓人一圓教堂婚禮的夢，看著心愛的人就在眼前，還願意陪自己拍三次婚紗照，此刻的自己真的幸福過頭了。

　　此外，這次的婚紗行，我們特別加購了花絮側拍，攝影師會從美容室妝髮造型快要結束時開始記錄，一直隨行直到整體拍攝結束。來到韓國拍攝婚紗，不需要外拍，夏天可待在有冷氣的棚內，冬天也供應暖氣，在如此舒舒服服的地方，就能營造各種風情萬種的氛圍，我想，這也是韓國婚紗最吸引人的魅力之一，剩下的時間，好好暢遊首爾吧！

我的婚禮籌備日誌

109

韓國婚紗營造的各種情境，讓每張照片都訴說著故事，留下了我倆的愛情畫面。

我的婚禮籌備日誌

110

宇宙人拿出戒指盒的動作，我的腦海中立刻浮現在紐約洛克菲勒被求婚的畫面，
回憶都湧上了心頭。

我的婚禮籌備日誌

111

當工作人員揮撒彩色紙片時，我的心也跟著綻放了。

Wonkyu Noblesse

Noblesse 棚上映著兩小無猜的俏皮劇情，
非常適合打情罵俏的夫妻檔拍攝，
正好可盡情展現可愛的一面。

原本想以帥氣路線呈現婚紗的宇宙人，
對於以可愛的姿態入境，始終有些排斥，
結果卻陰錯陽差，整個人非常放鬆，
看到作品後，也滿意得不得了！
而這次我也完全放開，
讓姨母為我在頭上擺了各種髮飾，
反而看到完全不一樣的自己，
覺得很新鮮呢：）

萬能的姨母除了幫我更換禮服之外，也負責為我變換髮型和搭配所有造型，更會親自幫我穿上鞋子，連我自己要動手，都會被制止，徹底把我當成了皇妃伺候著！拍攝韓國婚紗的辛苦之處，其實只有擺動作而已，其他任何時刻，姨母和翻譯人員都會照顧妥貼，不費絲毫力氣。

我的婚禮籌備日誌

117

我的婚禮籌備日誌

我的婚禮籌備日誌

119

Wonkyu Masterpiece

第二天在 Masterpiece 的拍攝，
因為前一晚的禁口，
整體的狀態正常多了。
剛踏出美容室，正值中午時刻，
翻譯人員還幫我買了紫菜包飯和我愛喝的冰黑咖啡，
加上是拍攝的最後一天，
心情特別愉悦。

這天，攝影師讓我們盡情地談情説愛，
一會兒坐在庭院對望，
一會兒讓宇宙人為我穿上高跟鞋，
一會兒在客廳漫舞，
甚至讓我們躺在地毯上話家常，
攝影棚都充滿著兩人的愛情泡泡呢！

韓國在追求多元拍攝風格的風潮下，各種華麗的攝影棚隨之誕生。
跳舞的動作，看似簡單，但要做到位真的不容易。

我的婚禮籌備日誌

123

我
的
婚
禮
籌
備
日
誌

125

　　拍攝的三個棚分別由三位不
同的攝影師掌鏡，差別在於不同
的拍攝手法和角度，但相同的就
是耐心的態度，即使不會擺動作，
攝影師也會一步一步為你調整。

　　韓國婚紗更讓我特別驚豔的
一點是，我一共穿了兩套白紗和
一件晚禮服，卻呈現了八種造型
風格，每當姨母拿出法寶變化造
型時，都著實讓我上了一課。

首爾
小蜜旅日記

　　自行規劃的六天五夜韓國行，真正忙碌的時候只有拍攝婚紗照當天，前一天試穿婚紗，以及後一天挑選照片，都只花了兩到三個小時，因此有很多時間可以利用。不用我多説，宇宙人這個逛街魔人，一抓到空擋，立刻拉著我上計程車前往新沙洞，而且還標記想逛的商店地圖，我則像跟屁蟲似的，跟在他後頭走。不過，貼心如他，連女生的商店也幫我找好了！

　　記得拍完照的那天晚上，我一直嚷嚷著想吃正宗的烤五花肉，因此翻譯特別帶我們到燒烤店聚餐。等待著我們的，正是夢寐以求的烤五花肉大餐，吃到肚皮都要撐破了，還是繼續吃！包含這一趟，我去過韓國兩次，最讓我印象深刻的都是美食，上一次被神仙雪濃湯征服，這次則是拜倒在烤五花肉之下，至今每每談起韓國，都止不住關於美食的話題。

　　期待著下一次的旅行，更想挖掘不一樣的韓國風貌，我想，這也是前往韓國拍攝婚紗的一種誘惑力吧！

Chapter 04

MAIN-TENANCE

MARRY HANNAH

YEAR：2014

MONTH：08　　DAY：10

婚前保養與健身

決定結婚的當下，我滿腦子都在思考如何完美呈現婚紗照，卻花費極少時間在自己身上，等回神過來時，只剩下三個月的時間。給自己三個月，管理好自己的嘴和胃，準備好瑜伽墊，開始動起來囉！

MAINTENANCE

　　「要結婚了，得開始減肥了！」相信這是每位準新娘籌備婚禮時腦海中浮現的第一句話。接下來，各種問題也隨之湧現，例如：「我很容易水腫怎麼辦？」、「我手臂很粗怎麼辦？」這些問題，不只在結婚前在意，拍婚紗照時也需要特別留意。

　　為了這些人生大事，臉部及身體的保養都必須要提早規劃！如果你天生麗質，恭喜你，只要在拍攝前加強保濕，就能讓妝容水亮一整天。

　　如果你和我一樣，覺得身材不夠完美、肌膚不夠水潤，絕對不要自認倒楣，更不要抱怨，我們只要比別人多花點時間下功夫，一樣可以達到理想的狀態。挪出三個月的時間，一起保養、運動，當一位最美麗的新娘子吧！

完美的體態
BODY CARE

決定結婚的當下，我滿腦子都在思考如何完美呈現婚紗照，卻花費極少時間在自己身上，等回神過來時，只剩下三個月的時間。就在慌張的同時，朋友介紹了一位健身教練給我，他的鍛鍊方式既不用餓肚子，還可以雕塑身材，即使放縱過後，也能很快地找回自己原本的體態，這是我從沒有接觸過的健身課程，仔細諮詢之後，決定加入他的運動工作室。

想要健身，不外乎是想讓手臂再細一些，腰、臀、腿都再小一號，因此，我向教練特別要求加強訓練這些部位，我從只做十個每個動作就哀哀叫，到最後進化到可以一次做四十下！（來賓請掌聲鼓勵鼓勵）

經過自我努力，加上諮詢過專業健身教練之後，對於飲食控制及居家運動有了基礎心得，可以在家輕鬆完成鍛鍊。給自己三個月，管理好自己的嘴和胃，準備好瑜伽墊，開始動起來囉！

Kenny Fitness 運動工作室
健身教練 _Kenny
Judokenny1025@gmail.com
FB 粉絲專頁 _ Kenny 林煦堅

我的婚禮籌備日誌

131

三個月的飲食控制 ——從飲食改變體質

第一個禮拜開始執行飲食控制時感到很痛苦是很正常的，因為我也是進行得哭天喊地，甚至還會偷吃澱粉！然而，當我將第一個禮拜的飲食清單拿給健身教練檢視時，他告訴我：「南瓜、芋頭屬於澱粉類」、「漢堡肉和熱狗是加工食品」等徹底顛覆我想法的正確觀念。因此，

我開始了解食物，從第二個禮拜開始便迎刃有餘了。

控制飲食的過程，因為沒有澱粉的攝取，很容易肚子餓，建議隨身攜帶堅果或水果裹腹，否則可能會忍不住偷吃澱粉。

前六週飲食計畫

- 不吃澱粉（設定每個禮拜一天為放縱日）
- 不吃加工食品，以吃食物的原型為主
- 多吃蔬菜水果，蔬菜與水果比例為 7：3
- 飲料、咖啡、零嘴減量
- 多喝水

戒澱粉意義在於清腸道，但人不能長期不吃澱粉，因此可設定每個禮拜裡一天為破戒日。一開始進行飲食計畫時，前三週的破戒日我都像失了瘋的大吃特吃，不過習慣之後，即使是破戒日，也只會加入一碗白飯或是麵條，不像之前失控大吃零食、泡麵或是麻辣火鍋了！

請注意每個人的食量不同，因此攝取的蔬果份量也會有所不同，可自行拿捏每一餐的份量，最重要的是蔬果比例為 7：3。以我為例，一餐會吃「兩～三種蔬菜＋一種水果」，而每一種蔬果的份量大約是一個拳頭大小。

後六週飲食計畫

- 白天可加入澱粉飲食
- 其他照舊

經過前六週的清腸道計畫，其實飲食習慣已經改變，會清楚知道哪些食物有益於身體，哪些食物會傷害身體健康，不過，偶爾為之的垃圾食物沒有關係。注意澱粉攝取盡量以吃糙米和白飯為主，麵包或是麵類屬於麩質，除了容易過敏之外，也容易引起肥胖。

完成十二周飲食計劃之後，就持之以恆吧！我現在的澱粉攝取為午餐吃一碗飯，晚餐則吃半碗飯，蔬菜和肉類的烹調也很清淡，肚子餓的時候會吃堅果，像是我在 Costco 買了一大盒的堅果，就可以吃很久呢。正如一開始提到的，知道如何正確飲食之後，即使不小心失控，也能再次找回自己。

建議執行飲食計畫時，使用手機或是筆記本記錄每日飲食，一來可以監督自己，二來可以清楚了解飲食習慣方便調整，這是我從加入健身課程到現在都持續進行的課題，往後當然也會持續下去！

Hannah 妞 's 戒澱粉一週飲食記錄

· MONDAY ·

早餐：奇異果、1 顆水煮蛋、2 種水煮青菜
午餐：自助餐 3 菜 2 肉
晚餐：買牛肉湯加蔬菜煮鍋

· TUESDAY ·

早餐：豆漿、豬排蛋土司（不吃吐司）
午餐：泡菜鍋（不吃火鍋料和飯）、小番茄
晚餐：自助餐 3 菜 2 肉

· FRIDAY ·

早餐： 炒蛋、地瓜葉、小番茄
午餐： 自助餐 3 菜 2 肉
晚餐：水煮花椰菜、水煮高麗菜、水煮豬肉片

· SATURDAY ·

早餐：荷包蛋、青椒、 地瓜葉
午餐：IKEA 蔬菜盤、炸雞
晚餐：買牛肉湯加蔬菜煮鍋

· WEDNESDAY ·

早餐：炒蛋、火龍果
午餐：自助餐 3 菜 2 肉
晚餐：煎牛肉、青椒

· THURSDAY ·

早餐：水煮秋葵、水煮花椰菜、1 顆蓮
　　　霧、小番茄
午餐：海鮮鍋（不吃火鍋料和飯）
晚餐：鐵板燒便當（煎魟魚、2 種蔬
　　　菜）、味增湯

· SUNDAY ·

想吃什麼就吃什麼的放縱日，
為這一個禮拜的努力好好放鬆！

Pizza

特別注意

- 地瓜、南瓜、玉米等根莖食材為澱粉類。
- 如果肚子餓，可到超商買各類堅果充飢。
- 體重遇到瓶頸時，可再降低鹽、糖、油的攝取量。

三個月的運動課程 – 讓體態擁有緊緻美

執行飲食計畫之後，也必須搭配運動課程一同進行，得到雙倍健身成果。坦白說，健身就是想要瘦身，因此，剛開始運動時都會很期待體重下降，但健身教練一再提醒我，不要過分執著於體重機的數字，維持身材的線條及整體狀態才是運動最大的成就感。

每個禮拜，教練都會固定幫我測量三圍記錄成果，從健身到結婚的這三個月，我的體重幾乎沒有任何改變，不過腰圍卻著實瘦了一大圈，

全身的線條也明顯變得更緊實，也因為這些改變，婚紗來來回回改了好幾次，改到婚紗工作室的人都要抓狂了呢！（笑）

我的運動皆屬於居家運動，有時候因為忙於工作而沒有時間運動，只要在家做這些基礎動作，一個禮拜後，優雅的馬甲線又重回懷抱了，這也是有打好十二週飲食計畫底子的緣故！準備好瑜伽墊，帶著你的決心和毅力，跟著我一起伸展筋肉，一起朝著完美曲線邁進吧！

前六週——肌耐力訓練

手臂

動作：跪姿伏地挺身 10 ～ 20 下。

腰

動作：平躺後，雙腳舉起，前後擺動 10 ～ 20 下。

動作：平躺後，雙腳舉起，左右擺動 10 ～ 20 下。

動作：肘撐

臀

動作：深蹲 10 ～ 20 下。

動作：四足跪姿，單腳往後 10 ～ 20 下，再換腳進行。

動作：四足跪姿，單腳往外開 10 ～ 20 下，再換腳進行。

腿

動作：站立，單腳往外側提，來回 10 ～ 20 下，再換腳進行。

後六週──持續肌力訓練，加入全身性有氧運動

戶外

動作：快走、瑜伽、游泳等，選擇一項運動，每次 30 分鐘。

室內

動作：登階運動，單腳踩踏 10 ～ 20 下，再換腳進行。
動作：相撲蹲，單腳側抬，左右腳來回 10 ～ 20 下 。

特別注意

- 每週運動 2 ～ 3 次
- 每個動作重複 1 ～ 3 組，視個人體力狀況而定
- 運動前後須拉筋

　　如果住家附近有公園，可選擇快走 30 分鐘，既省時間又方便。如果和我一樣，只想在家裡運動，則可利用階梯或是加強動作達到有氧目的，可依個人狀況決定有氧運動的地方及項目。

　　運動前拉筋意義在於熱身，提高肌肉的溫度與延展度，減少運動中的傷害，運動後的拉筋則可幫助放鬆，降低身體造成的緊張及疲勞感，較不容易產生痠痛問題，也能讓肌肉的線條更為漂亮。

肌膚的保養
SKIN CARE

維持良好的肌膚狀態，絕對會讓照片更為加分，更何況是要走紅地毯的新人們！像我就是無人不知，無人不曉的無敵水腫人，加上又特愛重鹹食物，經常導致在出席活動時都腫得像豬頭，因此婚紗照拍攝和婚禮當天，我最擔心的就是水腫！本人不一定看得出來，但照片騙不了人，圓臉和腫漲的雙腿一覽無遺！參與婚紗照拍攝和婚禮可是人生大事，就算平時再怎麼愛吃，這次絕對要忍住！

另一個擔心的點便是膚況。平常的肌膚保養就非常重要，除了徹底清潔，保水動作也不能少，做好這兩項課題，自然就會獲得好肌膚。遇到重要時刻，只要增加保養次數，就能擁有更理想的狀態。

消除水腫

　　水腫的恐怖威力不容小覷，一定
要特別注意！舉凡各種消水腫方式我
都試過，像是喝薏仁水、紅豆水，或
是各種明星食譜我都照吃也照做，但
通通都沒有效果！我的消水腫方式，
就是前一個晚上不吃不喝，隔天早上
再喝一杯無糖且無奶精的熱黑咖啡，
這是我試過最有效的方式，不過這屬
於緊急方案，不適合每天進行喔。

　　不吃不喝的晚上，雖然會忍得很
辛苦，但只要忍這麼一天，就堅持住
吧！因為沒有水腫的關係，在拍攝
國內自助婚紗的狀態真的很棒，整
個人消瘦了一圈，暫時拋開了水腫
人的稱號。

Black coffe

維持水亮肌膚

　　拍攝婚紗照的前一個禮拜，每天
都要敷保濕面膜，身體也要擦保濕乳
液，且盡量不碰辛辣的食物，以免引
來不必要的過敏或是痘痘。維持明亮
清透的好肌膚，我有一項超級厲害的
秘密武器——「新娘安瓶」，拍攝婚
紗照及婚禮前三天，我每天都擦，肌
膚光亮到不可思議，即使沒有特別打
亮也閃到爆！

ENDOCARE 杜克安瓶
蝸牛黏液精華可以修復受
損肌膚，適合用在重要場
合的救急，可以快速達到
水潤亮白的效果。

Hannah 妞 's 愛用產品

NEREUS
高效滲透保濕面膜

清爽的保濕成分，讓敷臉後的肌膚不黏膩，還能感受到吸收了滿滿的水分。每個月都會固定上網囤貨，真的非常喜歡呢！

KIEHL'S
激光極淨白淡斑精華

對混合性偏乾肌膚的我來說，這瓶精華液足夠保濕，即使白天使用也不怕黏膩而難上妝，是冬天不可或缺的精華液產品。

BIOTHERM
奇蹟活源活化面膜

與奇蹟活源精露同系列，雖然是凝膠質地，不過吸收力很好。我喜歡在洗澡時敷上它，洗完剛好卸除，一週使用兩次，這樣夜間的保濕也能夠很充足：）

BIOTHERM
奇蹟活源精露

這瓶是冬天晚上必擦的保養品，質地非常滋潤，就算想偷懶，只要擦上這瓶就可以安心睡覺了。連另一伴也跟著一起使用，男女都適合喔！

ALBION
健康化妝水 & 滲透乳

每天早上我都會使用它們進行保濕打底，上完所有保養品後立刻上粉底液，可發現底妝非常服貼，而且一整天的肌膚都會非常透亮，我已經離不開它們了！

KIEHL'S
激光極淨白保濕霜

非常喜歡的一瓶乳霜，質地的吸收力很好！使用時挖取約十元硬幣的大小，一邊塗抹一邊輕按整張臉，也讓前面所有保養品都一併吸收徹底。完全上就可以直接上底妝，妝感會非常的服貼透亮！

前一個月避免侵入性肌膚療程

　　執行做臉、擠粉刺等依靠外力清理肌膚的美容課程時，毛孔受到刺激，反而容易引發更多的發炎狀況，因此清潔門面，至少要提前一個月。如果是醫美，例如打雷射、打玻尿酸等，因為恢復時間較久，請提早在三個月前施行。

　　結婚前兩個月時，我有進行做臉課程，主要是清潔粉刺，不過有向美容師特別交代，下手不要太重。我曾經因為熬夜長了痘痘後前往處理，結果清潔太過深入，引發了毛孔發炎，導致整整一個月臉都呈現紅腫狀態，因此我現在都會多加小心，也請大家要特別注意！

Beauty Time!!!

前三天避免激烈運動

　　在運動工作室做的運動會比平常激烈，因此運動過後隔幾天，都會出現肌肉酸痛的狀況，為了避免一整天拍攝及婚禮上的不舒服，前三天千萬避免激烈性的運動。如果這三天需要運動，建議可將平常的運動量減半，可維持體態，又不會引起身體上的痠痛。而我在這三天從事的運動則是深蹲和肘撐，希望讓體態看起來更為完美。

雷公根腿部活力精華
運動完畢，噴上這瓶預防痠痛，
可減少運動隔天的不適感。

頭髮的保養

　　如果有布丁頭，一定要記得補染！最好在兩個禮拜前染，因為多洗幾次，髮色會更自然，也能預防不小心染太深或是太淺等需要補救的狀況。如果再更提前染髮，或許頭髮長很快的人，布丁頭又會跑出來，因此兩個禮拜前處裡剛剛好！

　　髮色方面，我偏好深咖啡色，在室內可以深色系髮色的氣質氛圍威震賓客；在有陽光照射的戶外環境之下，髮色則會偏向淺咖啡色，可展現活潑的氣息。這也是我在拍攝婚紗照以及婚禮當天都指定的髮色，提供大家參考。

　　此外，千萬記得造型前一天不要使用潤髮乳或任何頭髮保養液，即使到韓國拍攝婚紗照之前，台灣分公司也如此特別交代，最主要的原因是，如果頭髮太柔順，造型時容易塌，增加造型師在變換造型上的困難度。建議尋找自己習慣的髮型師整理頭髮，既清楚你的個人喜好，也能更加放鬆心情。

摩洛哥優油

這瓶是髮尾的救星！平常出門習慣上電棒捲做造型，導致髮尾容易乾燥受損，所以每次洗完頭，可取適量塗抹在髮尾補強，停留三分鐘後沖洗掉，用手一摸，就會發現頭髮又活了起來！（笑）

摩洛哥優油

可以在洗完頭後，頭髮未乾的狀態下塗抹，讓髮絲維持柔順光澤。造型前一天則不需要再塗抹，以免太過柔順不便造型。

Écouter – M

髮型師 _Gary
0963-599-112
FB 粉絲專頁 _ Écouter – M

指甲的保養

翻開指甲雜誌,便可以找到各種專屬新娘的光療指甲風格,不過,建議大家指甲顏色以白色系為主,因為新娘子的重點是婚紗,指甲只是配件的一部分,千萬不要太過搶戲,避免失焦。而我傾向簡約的白色法式或是圖騰風格,讓白色的指甲與白紗互相搭配,展現層次感。

整理保養指甲的時間點,可選在婚禮前三至五天,雖然會花掉一整個下午的時間,不妨趁這段空閒時光讓繁忙的自己喘ㄇ氣吧!不論是平常或是婚禮上,光療指甲已經是時下女孩生活的一部分,因此除了光療指甲之外,我還會順便為雙手和雙腿進行美白按摩的療程。

如果平常沒有指甲上色的習慣,不上色也沒有關係,但仍建議跑一趟美甲店,將手和腳去角質且修剪乾淨,至少在舉杯敬酒時,能展現小細節的優雅風範。

Hestia nails
赫司緹雅國際時尚美甲

美甲師 _Lulu
(02) 2771-1560
FB 粉絲專頁 _ Hestia nails 赫司緹雅國際時尚美甲

我的婚禮籌備日誌

147

牙齒的保養

保養牙齒並不特別強求,不過我自己很在意!因為保持亮白的牙齒將是全場的注目焦點,如果微笑時牙齒看起來黃黃的,鐵定會扣分,趁此時美白牙齒,對自己也是一種很棒的投資!

我嘗試過「冷光美白」,效果非常棒!不過缺點為非永久性,而且飲食上也要盡量避開咖啡因飲品和色素食物。因此,我另外使用「居家美白」維持牙齒白晰度,大約三個月進行一次即可。另外,每當遇到出席重要場合時,也會在家戴上牙托進行美白加強。

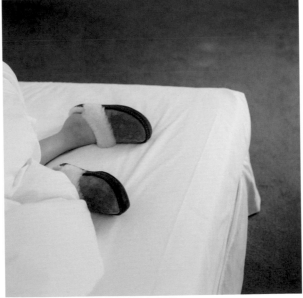

Chapter 05

WEDDING DAY

MARRY HANNAH

YEAR：2014

MONTH：11 | **DAY：15**

婚禮

　　儘管因為緊張，表情有些不自在，儘管因為害怕，動作有些不自然，儘管視線無法專注看著每一個人，淚光閃爍裡看見所有人微笑的臉龐，雖然有點模糊，但是我知道這是一場備受祝福的婚禮，這一切都值得了！

戶外證婚
Wedding Ceremony

終於迎來了婚禮，忙碌一整年就為了這一天的到來，終於可以展現最完美的一面給大家看了！

為了實現戶外婚禮的夢想，特別籌劃了這場戶外證婚。花團錦簇的木架舞台、鄉村氣息的木椅、玫瑰花瓣的走道，都是在我夢裡出現過的秘密花園。原本敲定的大草皮，在飯店突然施工之下換了面貌，就在煩惱時，發現了旁邊的綠洲小天地，因為這個意外插曲，讓這場戶外證婚有了新氣象。

母親牽著我的手，看著另一端的他，在設定好的音樂節拍裡往前走，我們之間的距離愈來愈近，原來十年的時間是這麼的短，靠近彼此的那刻，宣告兩人將邁入接下來無數個十年。

交換誓詞讓人緊張，果然不出所料，我們都不爭氣的哭了，讓原本洋溢歡樂氣氛的證婚，變得溫馨感人，那種心中的澎湃久久無法散去。

謝謝家人們，願意讓我任性的舉辦這場戶外派對，
因為有你們的參加，這一切才有意義。

婚顧知道我喜愛桃紅色，
特別將我名字的字體換成了桃紅色呢！

我熱愛玫瑰，整體佈置概念是以玫瑰打造
而成的秘密花園。

特別尋得的金色木椅，讓鄉村風格達到極
致！

White Rose

我的捧花，
選擇了白玫瑰，
象徵兩人的初戀。

前短後長的婚紗，是瀏覽眾多明星婚禮照片中最讓我印象深刻的款式。一直幻想穿上它，沒想到真的美夢成真了！當 Mon Chaton 一拿出這件時，我就決定要穿上它站在戶外證婚的場地。長袖的蕾絲上身，搭配前短後長的裙擺，讓雙腿一覽無遺，不需要特別裝飾就相當吸睛了。

伴娘當然是我的好姐妹囉！搭配花的色系，伴娘服更選擇了粉紅色。

WHOOPEE！

特地從美國回來當證婚人的小姨丈，有趣的談吐舒緩了現場的緊張氣氛。

兩歲的乾女兒成了我的小花童，一步一步往前走的模樣，可愛極了。

在好友限定的戶外證婚裡，將捧花傳拋給好姐妹的感覺真棒！

一直很羨慕電影裡那走在花瓣上的浪漫模樣，此刻實現了：）

我的婚禮籌備日誌

157

婚禮
Wedding Day

「你夢想中的婚紗是什麼樣子呢？」穿上魚尾婚紗走進婚禮會場，正是我最想要的模樣，為了撐起亞洲女孩最害怕的魚尾設計，更特別搭配一雙高達十五公分的婚鞋，梳著復古的包包頭，頭戴小皇冠，手持玫瑰捧花，當大門打開的瞬間，忍著心中的激動，努力不讓眼淚流下來。

儘管因為緊張，表情有些不自在，儘管因為害怕，動作有些不自然，儘管視線無法專注看著每一個人，淚光閃爍裡看見所有人微笑的臉龐，雖然有點模糊，但是我知道這是一場備受祝福的婚禮，這一切都值得了！

原本我打算自己籌備婚禮的一切大小事，結果發現要做的事情實在太多了！在朋友的建議之下，尋求了婚顧的幫忙。婚顧在台北，婚禮在台南，為了場勘及確認細節，她們來來回回南北奔波，真的讓我好感動。從戶外證婚到室內婚禮的所有現場佈置，都在當天才能看到完成品，沒有經過任何彩排演練，事前只有照片範例與想像藍圖，但是所有腦海中的想法，她們都為我達成了，可說是這場婚禮的大恩人。

此外，這場婚禮的預算都分配給戶外場地，為了不浪費，特別將花和椅子搬進了婚禮會場，一物兩用的概念發揮得淋漓盡致。唯一讓我費心的就是迎賓區的大背板，為了延續戶外證婚的風格，其設計以時尚活動的方格背板概念呈現，再利用五張婚紗照的無框畫點綴，讓這場婚禮派對既熱鬧又不失優雅。

其實，進場之前還出現了一段小插曲，凌晨四點起床，直到晚上婚禮從沒有闔過眼的我淚崩了。為了省事，我將所有婚禮習俗都安排在這一天，結果一路的奔波，卻超乎了自己的想像，或許是想要面面俱到，或許是要求完美的個性，我在新娘房裡大哭了起來。

這個舉動當然嚇壞了大家，造型師怕妝花掉，伴娘們也緊張的安撫我的情緒，可是眼淚就是止不住，這段插曲後來也成為所有人經常提及的婚禮趣事之一。不過想起這段回憶，我也替自己感到心疼，因此提醒各位新人，婚禮當天就好好打扮，漂亮進場就好！迎娶、喝茶等習俗，就額外空出一天吧！別讓完美的婚禮，因為疲憊而留下遺憾。

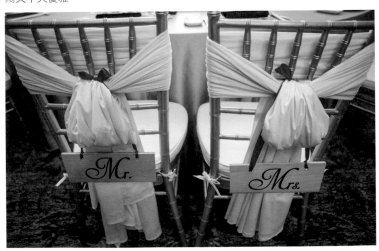

用心佈置的兩人座椅，讓限制重重的會場充滿鄉村氣息。

一直以來，我總是很羨慕歐美女孩能輕鬆駕馭魚尾婚紗，因此無論如何我都想試試看，穿著魚尾白紗走進禮堂正是夢寐以求的事！原本這件婚紗會使人顯得矮短，但在設計師調整魚尾的位置後，比例變得完美，特別是它澎澎的魚尾設計，非常可愛！

我的婚禮妝髮以極簡為主，造型師一直說服我增加華麗的小變化，但被我一口回絕了。我的頭髮除了復古公主頭之外，就是包頭，幾乎和拍攝婚紗照的造型並無不同，這也是最原本的我，我想讓自己以最自在的狀態參加婚禮。

Red Rose

婚禮上總共穿了兩件婚紗，
一件白的，一件紅的。
而捧花是紅玫瑰，
代表兩人火熱的愛情永遠不滅！

JK
HANNAH
Wedding PARTY
November 15,
2014 Bonne jourée

迎賓區大背板上的五張畫框，現在正擺在家中的鞋櫃上呢：)

紫色桌布和地毯是飯店的固定佈置，配置花和伴手禮擺設，一切極簡。送予賓客的伴手禮則是瑪利媽媽烘培坊手工餅乾，除了代表心意，還能做公益。

Mmm...

始終找不到心目中簡約的紅色婚禮婚紗，最後選擇了訂製。將蕾絲與紗裙結合，俏皮的紗網綜合冶豔的紅色蕾絲，讓整體呈現俏麗風格，而且這件婚紗非常輕盈，讓我在婚禮的敬酒和送客上顯得格外輕鬆。許多朋友事後談起婚禮，都對這件紅色婚紗特別印象深刻呢！（開心）

婚禮頭上播放的歌曲，都是我精挑細選的呢 ❤

▼
婚鞋是 Christian Louboutin 銀色紅底鞋。

婚禮進場時，特別戴上了皇冠，▶
那種女孩想成為公主的幻想，我也有！

邀請卡
Wedding Invitation

「將婚禮當作一場時尚派對，將喜帖當作一紙邀請卡。」這正是整場婚禮的最大宗旨，將傳統的開合式紙張換成單張的厚感紙版，字體和照片以上光的方式呈現立體感。

信封袋當然也是我最愛的桃紅色！為了營造時尚派對的氣息，我們在挑色和材質上陷入苦戰，最後決定以亮面材質搭配金色字體，既充分展現喜氣又不失時尚感。此外，賓客的名字特地選擇金色筆書寫，整體呈現桃金配，讓賓客收到喜帖時，能感受到滿滿的誠意！

戶外觀禮及 After Patty 票根式的設計，呈現撕票入場狂歡的感覺！

婚禮報
Wedding Paper

　　用派報取代婚禮小卡，讓所有人一次看得過癮。這個派報發想在我心底規劃了很久，只有婚顧和老公知道，因為這是我要給大家的驚喜！為了整理這份派報的照片以及文字，差點把自己搞瘋，當時經常在想：「為什麼我要這樣惡搞自己？」不過，只要一想到能將想法一次展現時，又認命的低著頭苦幹。

　　這場婚禮不只是一場儀式，而是可以展現各種創意的地方，不論評價如何，都能為自己的作品感到驕傲。

JK&HANNAH WATCH OUR LOVE

After 10 long years of loving relationship,
we are finally getting married.

愛 情長跑10年的我們，其實一點都不意外。我們喜歡的東西會互相影響，而且不喜歡改變現狀，相互依賴彼此的程度這超乎想像....或許有人會問：你們不會膩嗎？！我只能說，我們已經離不開彼此了！現在的我們，一個喜歡拍照，一個喜歡被拍，當興趣變成了我們的工作，覺得很幸運也很幸福，也因為這樣也學會更珍惜。

在外人眼中，我們好像得到了一切，但實際上，我們就只是那再平凡不過的小夫妻....可以見到名人，讓我們感到激動；可以出國工作，讓我們覺得不可思議；可以在路上被路人鼓勵，讓我們覺得分外窩心；我們常對自己說，享受當下的同時千萬不要迷失了自己。別人睡覺前的床邊對話都是甜言蜜語，而我們的卻是對彼此的反省與叮嚀，超不浪漫的!!!!

Hannah

第一次戀愛，就是跟宇宙人。我常常開玩笑的說：再過2年，就超越了我跟我爸爸的相處時間。以前總是抱怨上天很不公平，在我16歲那年從我身邊搶走了我最愛的男人；卻也在那一年，讓我認識了來自未來的男人。

我現在不再抱怨，而是覺得能夠一次擁有兩個心愛的男人，心滿意足了:)

—— 直都很喜歡法式復古的氛圍，當然婚紗照也不能錯過：）整個佈置的艱辛過程，我現在不敢回想，因為強迫症的我，那一陣子把自己快逼瘋了><....但看到了夢想被完整實現的那刻，美到我哭了起來。

ps.真的太感謝我的攝影及造型團隊們了!!!

當然我最感謝的還是宇宙人，能夠時時刻刻陪在我身邊，還能總是知道我要什麼東西呢？！很像超人般的幫我扛這扛那外，還要撐著大相機幫我拍照，如果沒有他，我不知道我自己一個人是否可以完成夢想~~

我只能說，他真的是我的宇宙超人!!!!

Life is like a movie...

not to say, I watch movie and fantasize movie character's life journey.

從 沒想過，我們會在一起多久？！

相處的時候總是相信對方，即使常常口是心非的否認對方的回答，但心裡頭絕對清楚那忠貞不二的心。

但我們也很會彼此較勁，每次看電影的時候，尤其是愛情片，容易受感動的我們，常常會看到痛哭流涕 ><..我們卻會忍住不讓對方知道，好像被發現到有流淚，就是輸了的感覺(笑)~~這比賽，一直到現在還是持續進行中....

如果問我們最喜歡的電影是哪部？！

我們的答案絕對一樣，不是JULIE & JULIA 就是About Time這兩部都是描述平凡夫妻間的生活小感動，常常會覺得有我們的影子在裡頭，所以就算已經看過100遍了，還是覺得意猶未盡。

喜歡看電影，除了可以看到別人的故事，也可以知道怎麼學習相處跟解決問題。甚至很多時候，我們會幻想自己是電影中的人物，覺得他們可以做到，我們通通都做得到，偶爾這種異想天開的想法其實也滿有趣的(笑)!!!

我 們喜歡待在家裡，所以特地打造了夢想中的場景搶先完成了我們的夢想。

如果哪天有了屬於自己的家，就可以建構自己喜歡的樣式，可以挑選自己喜歡的色系，更可以無止盡的更換任何吊掛在牆上的家飾品，無拘無束的感覺才能真正住的舒暢，等到那一天的到來，夢想就成真了！

也因為喜歡共同的電影，所以宇宙人在紐約求婚播放的歌曲，就是About Time 的主題曲，讓當下的氛圍更加獨特....這也是因為我們足夠了解彼此的一切，才有辦法擁有那戲如人生的生活小感動！！

我喜歡我的生活像電影畫面一般，
　　　　所以婚紗照也使命必達了...呵呵呵....

We are each other's lucky star.

我覺得一對夫妻可以結合在一起，真的是上天安排好的，怎麼說呢？

我承認我脾氣很壞，而宇宙人則是人人稱奇的好好先生，可以包容我的一切壞脾氣，並且體貼的照顧生活白癡的我。

有時候連我都覺得，我好像都在欺負他，但其實我只是一個不善於表達感情的女孩>< ...更讓我欣慰的是，宇宙人連這點都能了解並且包容。

如果沒有在一開始就遇見他，我想我的感情路應該會很波折，因為連我自己都無法想像：有哪個男人可以像他一樣對我無微不至？！

跟學生時期的我們相比，我們成長了，我們對於感情也更堅守，所以才能夠一起待在同一個空間裡，也才能夠一起工作。雖然少不了激烈的爭鬥，但是我們知道，我們就只有彼此，要吵還能吵到哪裡！

現在的我們要邁向另一個人生階段，對於未知的未來有點恐慌，有點緊張，但是我相信有宇宙人陪在我身邊，我有勇氣可以迎接未來的每一天:）

我當然不會忘記，在紐約求婚時你問我的話：
你願意繼續陪我度過每一個10年嗎？不管是那時候還是現在，答案都一樣，那就是：是的，我願意!!!

還記得大學時期，姊妹們都說我是瘟神，因為我做什麼都很雖>< ...連出國都會遇到很多鳥事..而當時的宇宙人完全就是個幸運之星，不論是抽獎還是小賭博，總是榜上有名，我那時候就覺得他是我的小福星!!!

不過自從我開始做自己喜歡的工作後，整個好運也降臨在我身上，好像任何事情都可以迎刃而解，甚至得到很多幫助，也讓我擺脫瘟神的影子，現在就換我當宇宙人的小福星吧 :）

10年的時間，講起來好像很遙遠，
但我們卻覺得過得太快了，因為我們還是當年那連牽手都會害羞的小情侶。

透過這些婚紗照片，能真正看到彼此的眼神。
才發現，原來假裝正經的臉龐是多麼有意思，開心大笑的樣子是真心的燦爛，鬥嘴的同時，想讓著我的表情充滿著愛，你的一顰一笑，現在讓我摸的更透徹了。

2014...
For me, this year is filled with many important significances.

2014年真的是充滿驚奇的一年，也是我人生中最重要的一年
不僅完成了去紐約的夢想，還意外去了一趟法國拍婚紗，最
後當然是我在今年完成了終身大事，能有這麼豐富的2014，
是我從來沒想過的!!!

還記得我以前跟自己說，未來不想辦婚禮，想要簡單登記結
婚就好。結果，等到這一天的到來，竟然拍了 2 場婚紗照
，還很用心的製作這份wedding paper....
那種女孩對婚禮的憧憬，沒想到我想要的也這麼多，而且一
做下去，就停不下來了(笑)～～

一場女孩們心目中的完美婚禮該怎麼定義呢??!!
我覺得的不是很有錢，就不可能百分百被呈現，但至少能
夠盡力做到自己想做的那部份，我覺得那就稱的上是完美婚
禮了:)

10年的時間，說長不長，說短不短....
卻是沒有人可以輕易抹去的，還想著當年剛在一起，手牽著手的嬌羞時刻，也經歷為彼
此流淚的爭吵畫面，以及在所有好朋友的見證下，我們步入禮堂的神聖姿態，這些都在
腦海中像播放器般輪播著，特別珍貴，只能說:愛對了人，什麼回憶都變得很美妙!!!

今天，我們真的結婚了!!!

　　　成為人妻人夫這刻起，我們將永遠待在彼此身邊，永遠牽著手不放開。

JK

今天是我們在一起的3737天....
在這我人生三分之一的日子裡我們
因為距離分開三次
因為當兵分離一年
因為拍照爭吵無數次
但你終究會笑著對著我
看到你笑是我生活中最快樂的事
是你讓我學習如何保護一個人 想念一個人
也是你讓我知道如何愛一個人
就算哪天我們老了 白髮了...
我還是會牽著你手一起看著這世界
所以我想要用我一輩子的時間來愛你 再也不分開
宇宙無敵愛你

SATURDAY NOVEMBER 15, 2014 · TAINAN TIMES

New York, Paris ...
Our dream is to travel around the world .

我 們兩個好愛旅行，雖然去過的地方沒有很多，但每一趟都充滿著故事。
這次到法國拍婚紗，也可以說是我們的蜜月行，也是第一次只有我們倆的遙遠國度
之旅:)這趟旅行一起挑戰了很多新鮮事，雖然有點疲憊，但卻覺得很甜蜜。
　　而且我們倆個個真的超隨性，不管住在哪個飯店，都可以當自己家一樣自在，所以只要
休息一下，就能又充飽了電力繼續往前衝!!!

　　接下來，我們還要一起去更多更遠的地方，要努力賺錢，也要活在當下，這才是真正
的享受人生。

在 紐約被求婚，在法國拍婚紗，網友說：這是每個女孩心目中的夢想。我承認我很幸
運也很幸福，但這些都是預料之外的事~~　不過現在能有這些回憶成為我人生裡重
要的片段，真的真的....讓我覺得很開心!!!

旅 行累了，就找間咖啡廳坐下來休息一下吧:)
喜歡喝著咖啡發呆，然後看看路上經過的行人，或是講
著不著邊際的話，不需要特別做什麼，這樣靜靜地依偎在彼此
身邊就是一種幸福。塞納河畔也留下了我們的回憶

這 次的法國婚紗照行,跑遍了聖心堂,巴黎鐵塔,羅浮宮以及塞納河畔...
幾乎把巴黎重要的景點都留下了回憶。

這種感覺真的很美妙,一邊看著照片,還可以一邊回想當時候的畫面,覺得好甜蜜!!!

宇宙人平常都不會想花力氣把我抱起來,但這次拍婚紗照一直被攝影師要求好好抱起來的戲碼,
我想,他差不多把一輩子的力氣都花上了吧(笑)~~

我們倆很少在外人面前曬恩愛,
這次透過法國行也讓我們慢慢習慣了這點~~
回台灣我竟然會不自主的當街抱他,原來要習慣一件事情也挺容易的...
呵呵呵呵....

不管在台灣還是在法國拍的婚紗照,裡頭都充滿著我們的故事。
特地製作這份paper,就是想跟大家分享,希望你們看了也能感染這份喜
悅與感動 :)

©2014 Chic 藝客婚禮顧問 ALL RIGHTS RESERVED.

Continue....

我的婚禮籌備日誌

Hannah 妞 's 婚禮團隊

▷ chic 囍客婚禮顧問
www.chic999.com
台北市敦化北路 165 巷 17 號 1 樓
（02）8712-8724
FB 粉絲專頁 _chic 囍客婚禮顧問
IG 搜尋：chicweddingevent

▷ Mon Chaton 婚紗設計工作室
www.monchatonbridal.com
台南市永福路二段 160 號 3 樓
FB 粉絲專頁 _Mon Chaton 婚紗設計品牌 Design By Lin

▷ J by Vanessa O
造型師：kimberley 金柏莉
vanessaomakeup@gmail.com
FB 粉絲專頁 _ J by Vanessa O

▷ GP Photolab 雞與花環照相館
攝影師 _ GP 雞皮
GP.fotofaq@gmail.com
FB 粉絲專頁 _ GP Photolab 雞與花環照相館

▷ 桂田酒店 Queena Plaza Hotel
www.queenaplaza.com
台南市永康區永安一街 99 號
（06）243-8999
FB 粉絲專頁 _ 桂田酒店 （台南） Queena Plaza Hotel

迎娶花絮
Traditional Ceremony

在我心裡，其實從沒想過我會結婚。爸爸過世得早，因此我始終告訴自己：「要保護好媽媽。」即使待在媽媽身邊一輩子，我也願意。沒想到，遇到了讓我對婚姻充滿期望的對象，很慶幸，他很善良，他很體貼，也懂得照顧我的家人，一個人堅守的信念，變成兩個人一起分擔，所以我想嫁給他，想跟他走一輩子。

原本不想進行迎娶的儀式，因為我不擅長告別。才在媽媽面前跪下，眼淚就掉了下來，我只是一直哭，沒講任何話，媽媽則說了：「要好好照顧我們家寶貝，不要讓她難過。」我認為，結婚應該是快樂的，不應該出現離別的場面，而是兩個家庭一起多了個孩子，是需要慶祝的！但也因為這場儀式，讓我發現了自己脆弱的心靈，以及媽媽的心境。

雖然拜別過了，我還是經常回家賴著母親，迎娶的儀式並不會改變我們之間的距離，也謝謝公公婆婆的疼愛，總是讓我為所欲為，現在有兩位爸爸兩位媽媽疼著的感覺真好！

Peach Rose

捧花依舊是玫瑰，
搭配我的幸運色桃紅色，
象徵待嫁娘的雀躍心情。

為了方便蓋頭紗的儀式，
特別挑選了短頭紗呢。

等待的時候，在新娘房裡悶著發慌了！

　　迎娶的手工珠串窄身婚紗，應對
跪拜儀式、過火踩磚瓦等迎娶習俗，
窄身設計可方便行動，其搭配的短
頭紗，也方便媽媽為我進行蓋頭紗儀
式。不過，説起這件婚紗的細節就不
簡單了，上面的珠珠是手工縫製，我
特別喜歡肩膀處的貝殼袖子，甚至腰
間都有緞面的蝴蝶結裝飾，讓我成了
真正的法國女孩。

求婚花絮
Propose Day

「要在三十歲前把自己嫁掉！」我一直將這個願望放在心底，也是我人生的終極目標。也許很多人會認為抱持這種想法很瘋狂，但是我和宇宙人交往了將近十年，從二十歲到三十歲，可說是一個女人的黃金時期，而我卻和一個男人走過了這十年，他總得給我一個交代，所以即使被說厚臉皮也沒關係，我就是要在三十歲前把自己嫁掉！

於是，在接近三十歲的一年半前，我以試探的口氣詢問宇宙人：「我們，是不是差不多要結婚了？」說完這句話，連我都很佩服自己當下的勇氣，因為這樣就等於我在向他求婚了啊！不過，宇宙人並沒有讓我厚著臉皮過一輩子，2014 年五月的紐約行，他在 Rockefeller Center 向我求婚了。我想，就是因為他永遠都這麼貼心，所以我才會死命的抓著他不放！（笑）

原來，我也會有這麼一天 ♥

Rose

Cartier Ring

帝國大廈成了求婚場面中最美的景色，永生難忘！

單身派對花絮
Single Party

蘇美島的椰子汁非常甜，每天都要喝！

飯店的房間前頭就是泳池呢 ❤

Nikkibeach 飯店

按完摩的我們神清氣爽：）

為了籌備婚禮而沖昏頭的我，在姊妹的慫恿之下舉辦了單身派對，地點選擇在泰國的蘇美島，正好趁著出國好好放鬆一番！（笑）

挑選入住了著名的 Nikkibeach 飯店，當時十月份，正值泰國雨季，遊客較為稀少，但也因為如此，我們更加隨心所欲了，一會兒浸在泳池中談天；一會兒趴在露天木屋按摩；一會兒換上洋裝享受燭光晚餐，我想，這就是這趟單身派對的旅行意義，我們都放鬆到了！

姐妹們聚在一起就是無止盡的拍照。

美麗的海，讓我們不想回家了。

放假充電，讓人特別開心。

蘇美島的烤魚

　　相信許多人都和我一樣，對婚紗照有著美好憧憬，但是卻不知道從何下手，而我從一開始的沒頭緒，到完成了三次婚紗照的拍攝，特別想將自己籌備婚紗照的過程與心得，細細分享給同樣在籌備婚紗拍攝的準新娘們。本書中，會盡可能地交代詳盡拍

攝婚紗照的前置作業，減輕整體籌劃的煩惱，不過實際進行時，或許還是會遇到計畫之外的困難，此時不需要太過擔心，因為這都是打造完美作品的必經過程。希望看完這本書，你們都能完成只屬於自己的風格婚紗。

漢娜妞
Hannah Y.

2010 年開立 Hannnah 妞's Fashionlist 部落格，以自我風格的服裝搭配及獨樹一格的隨性拍照風格曾創下四千多萬的點閱數，目前積極從事時尚相關產業。因為一場婚禮，開始熱衷婚紗婚禮設計籌備，因此出版此書，分享這些過程的美麗點滴時刻。

BLOG_www.hannah.tw
FACEBOOK_ 漢娜妞 Fashion blog by Hannah Yang
INSTAGRAM_hannah_lovelife

MARRY HANNAH
我的婚禮籌備日誌
WEDDING TODAY & EVERYDAY

作　　　者	漢娜妞
責 任 編 輯	莊凱晴
主　　　編	溫淑閔
版 面 構 成	CHIC 囍客婚禮顧問
封 面 設 計	逗點國際
行 銷 專 員	辛政遠
總 編 輯	姚蜀芸
副 社 長	黃錫鉉
總 經 理	吳濱伶
發 行 人	何飛鵬
出 版	創意市集

發　　　行　城邦文化事業股份有限公司
歡迎光臨城邦讀書花園
網址：www.cite.com.tw

香港發行所　香港發行所　城邦（香港）出版集團有限公司
香港灣仔駱克道 193 號東超商業中心 1 樓
電話：（852）25086231
傳真：（852）25789337
E-mail：hkcite@biznetvigator.com

展 售 門 市　台北市民生東路二段 141 號 1 樓
製 版 印 刷　凱林彩印股份有限公司
初 版 2 刷　2016 年（民 105）6 月
定　　　價　320 元

若書籍外觀有破損、缺頁、裝訂錯誤等不完整現象，
想要換書、退書，或您有大量購書的需求服務，都請
與客服中心聯繫。

客戶服務中心
地址：10483 台北市中山區民生東路二段 141 號 2 樓
服務電話：（02）2500-7718、（02）2500-7719
服務時間：周一至周五 9：30 ～ 18：00
24 小時傳真專線：（02）2500-1990 ～ 3
E-mail：service@readingclub.com.tw

※ 詢問書籍問題前，請註明您所購買的書名及書號，
　　以及在哪一頁有問題，以便我們能加快處理速度為
　　您服務。
※ 我們的回答範圍，恕僅限書籍本身問題及內容撰寫
　　不清楚的地方，關於軟體、硬體本身的問題及衍生
　　的操作狀況，請向原廠商洽詢處理。
※ 廠商合作、作者投稿、讀者意見回饋，請至：
　　FB 粉絲團・www.facebook.com/InnoFair
　　Email 信箱・ifbook@hmg.com.tw

版權聲明
本著作未經公司同意，不得以任何方式重製、轉載、
散布、變更全部或部分內容。

商標聲明
本書中所提及國內外公司之產品、商標名稱、網站畫
面與圖片，其權利屬各該公司或作者所有，本書僅作
介紹教學之用，絕無侵權意圖，特此聲明。

國家圖書館出版品預行編目資料

我的婚禮籌備日誌 / 漢娜妞著 .
-- 初版 . -- 臺北市：創意市集出版：城邦文
化發行 , 民 105.04
　面；公分

ISBN 978-986-92799-9-4(平裝)

1. 婚禮

　　　　538.44　　　105004756